深圳市中小学生综合素养研究成果辑录

深圳市新型教师专业素养培养研究

陈斌 著

WUHAN UNIVERSITY PRESS
武汉大学出版社

图书在版编目(CIP)数据

深圳市新型教师专业素养培养研究/陈斌著.—武汉：武汉大学出版社,2021.11
ISBN 978-7-307-22372-1

Ⅰ.深…　Ⅱ.陈…　Ⅲ.师资培养—研究　Ⅳ.G451.2

中国版本图书馆 CIP 数据核字(2021)第 102902 号

责任编辑:黄金涛　　责任校对:李孟潇　　版式设计:韩闻锦

出版发行：**武汉大学出版社**　(430072　武昌　珞珈山)
(电子邮箱：cbs22@whu.edu.cn　网址：www.wdp.whu.edu.cn)
印刷：武汉邮科印务有限公司
开本:720×1000　1/16　印张:13.25　字数:189 千字　插页:2
版次:2021 年 11 月第 1 版　2021 年 11 月第 1 次印刷
ISBN 978-7-307-22372-1　定价:39.80 元

序　言

深圳，我国改革开放最前沿的窗口城市，在短短30多年的发展中，基本建成了涵盖学前教育、基础教育、中等教育和高等教育的完整体系，其中基础教育规模已与北上广一线城市非常接近，教育质量也经历了从跟跑到伴跑，再到今天正在努力实现领跑的过程。素养培养，是当前教育的最强音。为主动适应现代化、信息化和全球化发展需要，自2013年初开始，我们就着手研究学生素养培养，至2014年6月，深圳正式出台《关于进一步提升中小学生综合素养培养的指导意见》，提出通过深化课程改革、推进教与学方式变革、促进教师专业发展和创新评价等四轮驱动，着力培养学生品德、身心、学习、创新、国际、审美、信息和生活等八大素养，促进学生全面发展和个性发展。在当时，此举措为国内首创，可谓开启了教育的素养培养时代。

2015年9月，在综合素养实践基础上，为深化综合素养培养理论与实践研究，广泛凝聚社会各界智慧、增进共识，发挥教育科研智库的先导作用和引领作用，服务深圳教育发展全局，我们围绕综合素养培养主题，拟定若干重大课题，开展一系列课题研究工作。

本书聚焦新型教师专业素养培养研究，在对国内外新型教师培养政策与行动及专业标准进行系统研究的基础上，论述美英日澳四国在贯彻UGS模式、建设一体化培养体系等四个方面对我国新型教师专业素养培养的重要启示。研究还通过对深圳市教师队伍发展状况的数据统计，以及专业素养的实证调查，全面分析深圳市教师队伍发展的状况；并通过对深圳市教师培养的政策、行动分析以及培养的访谈，探索教师专业素养培养体系的结构和内容。最后采用SWOT分析法，对深圳市新型教师专业素养培养的未来改革和发展提出了 11 条系统性的建议。

本书主题的研究历时约一年半，是全体编者呕心沥血之作，可供从事教育理论和实践研究的人员参考，也可作为促进教育一线老师提升专业能力的用书。本书研究得到了华南师范大学教育科学学院的大力支持，市教科院科研管理中心黄积才主任、李贤博士和赵鹭老师也付出了辛勤努力，在此一并致谢。

编　者

2018 年 5 月

目　　录

绪论 ······ 001

一、研究背景 ······ 001

二、核心概念分析 ······ 006

三、研究内容 ······ 010

四、新型教师专业素养培养研究的方法论 ······ 011

第一章　新型教师专业素养培养国际比较 ······ 016

第一节　美国新型教师专业素养培养研究 ······ 016

一、美国新型教师专业素养培养的政策与行动 ······ 016

二、美国教师专业标准概述 ······ 019

三、小结 ······ 022

第二节　英国新型教师专业素养培养研究 ······ 024

一、英国新型教师专业素养培养的政策与行动 ······ 024

二、英国教师专业标准概述 ······ 026

三、小结 ······ 030

第三节　澳大利亚新型教师专业素养培养研究 ······ 031

一、澳大利亚新型教师专业素养培养的政策与行动 ······ 031

二、澳大利亚新型教师专业标准概述 ······ 034

三、小结 ······ 036

第四节　日本新型教师专业素养培养研究 ······ 037

一、日本新型教师专业素养培养的政策与行动 ······ 037

二、日本教师专业标准概述 ······ 040

三、小结 …… 042
第五节 美英澳日四国新型教师专业素养培养对我国的启示 …… 044
一、关注新型教师专业素养培养的质量 …… 044
二、贯彻 UGS 模式，建设一体化培养体系 …… 045
三、改善教师工作环境，促进整体素质提升 …… 046
四、构建发展性教师评价体系，促进教师专业成长 …… 048

第二章 深圳市教师队伍现状分析 …… 050
第一节 深圳市中小学教师队伍基本情况 …… 050
一、教师队伍的结构 …… 050
二、教师工作条件 …… 056
三、教师继续教育情况 …… 061
四、民办教师队伍发展状况 …… 066
第二节 深圳市教师队伍专业素养现状分析 …… 069
一、实证研究前期准备 …… 069
二、实证研究概况 …… 078
三、深圳市教师专业素养现状 …… 082

第三章 深圳市新型教师培养现状分析 …… 092
第一节 深圳市新型教师培养的政策分析 …… 092
一、深圳市新型教师培养的政策背景 …… 092
二、深圳市新型教师培养政策 …… 095
第二节 深圳市新型教师培养的行动 …… 097
一、市级新型教师培训 …… 097
二、区级培训 …… 104
第三节 深圳市新型教师培养的实证研究 …… 109
一、实证研究的过程 …… 109
二、研究的信度与效度 …… 111
三、深圳市教师培养的需求与问题分析 …… 112

第四章　深圳市新型教师专业素养培养的 SWOT 分析 …………………… 139
第一节　SWOT 分析概述 …………………………………………………… 139
第二节　深圳市新型教师专业素养培养的 SWOT 分析 …………………… 141
一、深圳市新型教师专业素养培养的优势 ………………………………… 141
二、深圳市新型教师专业素养培养的劣势 ………………………………… 143
三、深圳市新型教师专业素养培养的机会 ………………………………… 146
四、深圳市新型教师专业素养培养的威胁 ………………………………… 149
第三节　深圳市新型教师专业素养培养的发展战略分析 ………………… 152
一、放大优势，利用机会 …………………………………………………… 153
二、放大优势，规避威胁 …………………………………………………… 154
三、利用机会，化解劣势 …………………………………………………… 156
四、化解劣势，规避威胁 …………………………………………………… 157

第五章　深圳市新型教师专业素养培养的策略 …………………………… 160
第一节　制定系统化的政策 ………………………………………………… 160
一、以塑造新型教师作为政策目标 ………………………………………… 160
二、以提升教师质量作为政策核心 ………………………………………… 161
三、以制定新型教师专业标准体系作为政策重点 ………………………… 162
四、以推动教师现代化作为政策走向 ……………………………………… 163
第二节　优化教师队伍管理 ………………………………………………… 164
一、加强力度，推动教师“柔性”流动 ……………………………………… 164
二、为教师“减负”，确保教师工作量适宜 ………………………………… 166
三、丰富教师生活，注重教师身心健康 …………………………………… 168
四、完善区一级培养体系，促进管理人员素质提升 ……………………… 170
五、改善教师评价方式，激发教师工作热情 ……………………………… 170
六、提高教师待遇，提升深圳“教师”的吸引力 …………………………… 173
七、管理升级，以大数据支持教师专业素养提升 ………………………… 173
八、发挥“名师”作用，引领教师专业素养提升 …………………………… 176
第三节　营造教师终身学习环境 …………………………………………… 177

一、指导教师做好生涯规划，全面促进教师专业素养发展…… 177
二、完善新教师培训体系，加快教师成长 ………………………… 180
三、基于 TPACK 理论，设计教师专业素养发展阶梯式课程 … 181
四、改造升级市继续教育网络平台，打造智能化网络学习平台 ………………………………………………………… 187
五、开拓新思路，创新教师培训方式 …………………………… 188
六、加大开展教研的力度，以教研促教学 ……………………… 191

第六章　结语 ………………………………………………………… 192

参考文献 ……………………………………………………………… 194

后记 …………………………………………………………………… 203

绪　　论

一、研究背景

（一）全球教师专业化浪潮下，教育质量提升的关键在于教师队伍质量的提升

“名师出高徒”，是自古以来我国对教师质量重要性的精辟总结。进入21世纪以来，随着席卷全球的教育质量提升热潮，教师队伍质量的提升也成为了全球社会、研究界共同关注的话题。

1966年，联合国教科文组织（UNESCO）和世界劳工组织（ILO）发表了一份教育史上划时代的文献——《关于教师地位的建议》。这份文献写到：教育工作应被视为一种专业，这种专业要求教师经过严格且持续不断的研究，以获得并维持专业知识和专门技能，从而提供公共服务；教育工作还要求教师对其教导的学生的教育和福祉具有个人的和共同的责任感。进入20世纪80年代，教师专业发展问题日趋成为人们关注的焦点，1980年《世界教育年鉴》以“教师专业发展”为主题，引发了全球以提高教师素养为核心的教师专业化运动。其中，美国“卡内基基金会教育与经济论坛”最先提出“教师专业发展”问题，指出要通过“教师专业发展”来实现教育改革理想、提高教育质量、促进学生发展。该组织于1985年成立了一个名叫“教育作为一种专门职业”（Education as a Profession）的工作小组，次年就发布了《国家为培养21世纪的教师做准备》的报告。报告得出两个著名论断：“1. 美国的成功取决于更高质量的教育；2. 成功的关键在于建立一支与担任此任务相适应的专业人员队伍，

即受过良好教育的教师队伍。”①同年，美国另一个著名教育基金会“霍尔姆斯集团(Holmes Group)”的教师工作小组连续发表了三份研究报告：《明日的教师》《明日的学校》《明日的教育学院》。霍尔姆斯小组的报告强烈呼吁提高教师的专业化水平和声望，同时也提出许多有助于教师专业发展的建议。以霍尔姆斯报告为标志，人们关注的主题和重心已经从“教育是不是一个专业”的理论问题转移到了“如何促进教师专业发展”的实践问题上来。②

2010年，全球最著名的咨询顾问公司“麦肯锡”，在对50多个国家的学校教育系统进行了研究分析的基础上，发现新加坡、芬兰和韩国等优秀的教育系统通常将“前1/3”战略作为国家的核心教育战略，即100%的教师都是从成绩名列前1/3的大学毕业生中挑选的。这些国家在教师队伍建设上的共有特征还包括：教师培训课程都非常严格，大学生就读教师培训课程的门槛很高；一旦就读后，政府为学生提供学费及其他费用，并为他们接受培训和实习提供工资及生活补贴；政府密切监控教师需求量，同时控制教师供给，保证完成高选择性培训课程的教师能够获得工作；提供有竞争力的工资，以便在高度流动的劳动力市场中吸引并留住这些名列前1/3的大学毕业生从事教师职业；为教师提供各种晋升及专业发展机会，并赋予教师崇高的社会地位；政府将担任教师的出色年轻人视为国家最宝贵的财富。麦肯锡公司为此发表了一篇美国教育改革政策建议报告——《缩小人才差距：吸引并留住成绩名列前1/3的大学毕业生担任教师》，其中最重要的观点就是“教育的质量不可能超越教师的质量”！

当代教育已经越来越成为一种专业化的社会活动，时代的发展对人才提出了越来越高的要求，创新型、高素质人才需要由优质、专业的教

① 卡内基基金会教育与经济论坛(1986). 国家为培养21世纪的教师做准备[A]. 发达国家教育改革的动向和趋势[C]. 北京：人民教育出版社，2004：265-266.

② Charlotte Danielson & ThomasL. McGrealz. 陆如萍译. 教师评价——提高教师专业实践能力[M]. 北京：中国轻工业出版社，2005. 1.

育来培养，培养一流的人才需要一流的教师，建设高水平、专业化的教师队伍才能造就优质的学校教育。高质量的教师队伍是保证高质量教育的基础，这已成为当代教育的共识。

（二）新型教师培养是我国新时期教师队伍建设的重点

当前，知识大爆炸、信息技术突飞猛进的发展迅速地推进了社会文化的进步，时代对教育和教师所提出来的要求也发生了极大的改变。近年来，随着国际研究的不断推进，教育大数据、STEM、创客教育等等新名词层出不穷，教育尾随社会的发展已经落后于时代的要求，能力的培养而不是知识的增进已成为新时期教育的最终的目标。这些新动向无疑都要求教师不断提高教学水平，更新教育理念。“新型教师”代表着适应和发展，在新的时期、新的环境中有着不一样的内涵和外延。教师应知和应会什么，是影响学生学习结果最重要的因素；在学校教育质量方面，没有什么比教师的知识、技能的更新和敬业等专业素养的培养来得更重要。

因此，各国在教育竞争中，都在不约而同地加强对教师的培训和培养，以期使教师的专业素养发展能跟上时代的要求。如美国各州大都实施了教师任职许可证制度，对教师任职的具体年限提出要求，5~7 年是规定性的任职年限。一旦超过了该年限，教师就需要重新进行专业在职培训，修满教师需要的课程学分，并接受严格的考试，考核通过才能继续任教，重新拿到教师任职许可证。① 英国近年来则通过加强立法的方式进一步对教师培训、工资待遇、教师资格等进行严格规定，在保证教师参加培训权利的同时，又通过“在职训练课程奖励”“个人学习账户”等计划从政策、制度方面激励教师参加培训，督促其尽到参加培训的义务。② 芬兰通过在职教师培训计划（In-service Training for Teachers Project，JTT）对教师进行持续地培训，旨在丰富教师的教学主题和教育

① 关松林．发达国家中小学教师培训的经验与启示——以美国、英国、日本为例［J］．教育研究，2015（12）：124-128.

② 朱艳．比较视角中的英国中小学教师培训［J］．教育研究与实验，2014（6）：73-76.

学学科知识，加强教师的合作与反思，进而促进教师的专业发展，采取的方式主要有面对面式、远程教育式、反思学习式等。①

随着经济和社会的快速发展，我国的教育也逐渐走上了快速发展的轨道。1977 年，我国恢复了中断 10 年的高考，570 多万人参加了考试，录取率仅为 5%；到 2015 年，我国 31 个省市自治区参加高考人数达 942 万人，录取率提高到了 74.3%。截至 2015 年，我国义务教育阶段中小学学校总数达到 24.29 万所，招生 3140.07 万人，在校生 1.40 亿人，专任教师 916.08 万人；普通高中 1.32 万所，招生 796.61 万人，在校生共 2374.40 万人。我国教育在 40 年内，获得了丰硕的成果，已成为世界上最大的教育体系。同时，随着中小学教育体系的完善和发展，我国也根据时代的要求，在不断地开展教育改革，以期完善整个教育体系。2001 年，我国正式开始实施基础教育课程改革，将我国沿用已久的教学大纲改为课程标准，要求实现课程功能的转变，体现课程结构的均衡性、综合性和选择性，密切课程内容与生活和时代的联系，改善学生的学习方式，建立与素质教育理念相一致的评价与考试制度，实行三级课程管理制度。教育规模的不断扩大和新时期的要求，也使我国新型教师的培养成为了新时期教师队伍建设的重点。

2012 年，我国出台了《国务院关于加强教师队伍建设的意见》，这是首次由国家层面发布的教师队伍建设纲领性文件。文件认为当前我国教师队伍整体素质有待提高，队伍结构不尽合理，教师管理体制机制有待完善，农村教师职业吸引力亟待提升。2014 年 9 月 9 日，习近平总书记在在北京师范大学看望师生时发表了重要讲话，“一个人遇到好老师是人生的幸运，一个学校拥有好老师是学校的光荣，一个民族源源不断涌现出一批又一批好老师则是民族的希望。国家繁荣、民族振兴、教育发展，需要我们大力培养造就一支师德高尚、业务精湛、结构合理、充满活力的高素质专业化教师队伍，需要涌现一大批好老师”，并对广大

① 王钰巧，方征．从 TALIS(2013) 解密芬兰教师教育一体化的经验与启示 [J]．外国中小学教育，2016(5)：44-48.

教师提出了“有理想信念、有道德情操、有扎实学识、有仁爱之心”的要求。“有理想信念、有道德情操、有仁爱之心”指向的是教师专业素养领域中的“专业理念与师德”，“有扎实的学识”则指向“专业知识和专业能力”两个维度，这也代表了新时期我国对新型教师培养的要求和目标。

(三)深圳市教育改革发展需要加强新型教师专业素养培养

深圳市是我国改革开放建立的第一个经济特区，是由一个小渔村发展起来的国际化大都市。深圳的国民生产总值 1979 年仅接近 2 亿元人民币，到 2014 年已超过 16000 亿人民币，增长达到了 8000 倍。随着经济的快速发展，深圳市教育规模持续扩大，到 2015 年全市各级各类学校(含幼儿园)2196 所，各级各类在校学生总数 187.72 万人，教职工 16.31 万人。其中，普通中小学 669 所，在校学生 125.01 万人，中小学教师 7 万多人。

作为一个经济快速发展的移民城市，在发展的早期，深圳被称为我国的“文化沙漠”，意指精神文明的发展与物质文明的发展程度不相匹配。进入 21 世纪后，深圳十分注重自身的文化建设。2000 年伊始，深圳市就创立了大型综合性群众读书文化活动——深圳读书月，着力提升市民素质，建设学习型城市。2003 年，深圳开始实施“文化立市”战略，到 2014 年文化创意产业增加值达 1561.90 亿元，10 年增长了约 10 倍，占 GDP 的比重达 9.8%。在深圳大学文化产业研究院发布的《2014 中国城市创意指数排行榜》中，深圳文化产业投入产出比高达 39.29%，位居全国之首。同期，南京大学社会学学院发布的《中国城市国际文化影响力报告》中，深圳位列大陆地区国际“当代关注度”第四。

随着深圳文化的逐渐形成，教育在精神文明建设和推动物质文明建设方面所发挥的作用也日益凸显。2010 年，深圳市发布了《关于推进教育改革发展率先实现教育现代化的决定》，力争率先成为全国教育现代化先进城市，基本建成国家教育综合改革示范区、学习型城市和人力资源强市，并提出要大力加强教师队伍建设，提高教育核心竞争力。2011 年《深圳市中小幼教师继续教育发展行动计划(2011—2015)》出台，提出通过建立与教师的终身学习和终身发展相适应的继续教育新体制，实现建设一支师风师德优良、教育理念先进、教学技能高超、具有国际视野、充满创造活力的可持续发展的专业化教师队伍的目标。2015年深圳市颁布《关于进一步提升中小学生综合素养的指导意见》，明确提出深圳市提升中小学生综合素养的各项具体任务，强调建设新型教师队伍，将20%左右的中小学教师培养成为教学科研双优型骨干教师，并完善教师分层分类培训体系，提升中小学教师综合素质。深圳市将2015年定为“教师队伍建设年”，推出十项教育行动，全面综合地推动深圳市教师队伍发展。

深圳经济和文化两方面的快速发展，既为新型教师专业素养发展提供了良好的条件，也成为了促进新型教师专业素养的压力和动力。教育面对的是深圳的未来一代，他们将是未来深圳文化的代表，也将对深圳的未来发展产生主要影响。因此，不断完善深圳市新型教师专业素养培养体系，保证其科学、持续性地发展已成为当务之急。

二、核心概念分析

（一）新型教师

1. 教师角色的发展与变迁

传统教师是与新型教师相对应的概念。韩愈说：“师者，传道、授业、解惑也。”这是对传统教师角色的最好概括，“传道”一般认为是宣扬儒家以修身、齐家、治国、平天下为目的和归宿的仁义道德；“授业”是讲授儒家的“六艺”，即《诗》《书》《礼》《乐》《易》《春秋》等内容；“解惑”是解答学生在学习的过程中提出的各种问题。三者之中，“传道”是最根本的，是为国家政治服务的代名词。基于此，我国传统社会择师的标准有两点：一是知行方面足可以为表率；二是教师必须懂教育、讲究教书艺术。传统教师观突出教师的责任是重教明理，在德行上应为人师表、身先垂范，处理师生关系时应尽心尽力、爱护学生，在教学方法上要循序渐进、因材施教。传统的教师观，不但造就了一大批优秀的教师，也促进了我国传统文化的传播和发扬。

但是，随着社会的发展，传统教师观的弊端也逐渐显露出来。其一是，教师成为了知识中心，是绝对的知识权威。而现代社会，信息的增长呈现大爆炸的状态，各种信息每天都在以惊人的速度增加，任何一个人都不可能无所不知、无所不晓、无所不能，这与信息量变化不大的传统社会形成了鲜明的对比。教师不可能再以知识的拥有者自居，而处于中心地位。其二，由于片面强调"授业"的重要性，传统教师的主要任务就是传授书本知识，而学生学习的方式主要是接受、记忆和再现教师传授的知识。教学双方，教师是主体，而学生只是被动地接受知识，在客体性、受动性和依赖性的基础上，读书、练习、做习题和考试。虽然学生也可以向教师提出问题，但教师的"解惑"仅限于更清楚地解释书本上的知识和内容，并不鼓励学生有自身的想法。

2. 新型教师的概念

在传统教师观的基础上，许多学者针对时代发展的特点，提出了"新型教师"这一概念。

我国著名教育家叶澜在长期的基础教育研究积累中，对新型教师进行了系统的研究。她 1998 年就提出，未来教师应具有与时代精神相通的教育理念，并以此作为自己专业行为的基本理性支点；应具备多层复合的专业素养，而不局限于"学科知识+教育学知识"的传统模式；应有认识学生和教育工作所必备的知识，如对人的认识、教育哲理的形成、管理策略、教育教学活动设计、方法选择、现代教育技术手段的运用及教育研究等方面的知识与技能。① 2011 年叶澜教授在对比新型教师与传统教师的基础上，继续深化对新型教师的理论阐述。她认为新型教师与传统教师相比，有几点不同：(1) 对职业价值的定位发生变化，从谋生走向发展，从奉献走向创造，从被动、执行、传递走向主动，从主动地去研究教学走向主动地用自己的发展帮助学生更好地发展，从掌握教育教学的技能走向提高教育智慧；(2) 知识结构与能力结构不同，教师的视野要从相对封闭、凝固的状态转化为开放、更新的状态；(3) 新型教

① 叶澜．新世纪教师专业素养初探[J]．教育研究与实验，1998(1)：41-46.

师思想方法需要更新，因思想方法的更新而形成智慧，要学习复杂科学的思维和研究方式。①

“新型教师”是顺应时代发展而提出来的新概念，也是对教师专业发展的新要求。笔者认为，所谓新型教师，不是对传统教师的否定，而是对传统教师的超越和发展。现有教师所具备的基本素质，如良好的道德素质、广博的知识素质、综合的能力素质、健康的身心素质等，也是新型教师所必需的。我们在这里所强调的是，新型教师应更新观念，去除传统教师与现代社会发展不相符的内容，以学生为中心，尊重爱护学生；同时学习和掌握现代社会所强调的能力，如协作沟通能力、教学研究能力、信息技术能力等，并且能随着时代的不断发展而发展。目前，从世界范围来看无论是教师职前教育还是职后教育，都在不断地更新知识体系，紧跟时代发展的步伐，要求教师更新教育理念，掌握现代教学方法。

（二）教师专业素养

“汉典”对“素养”的界定有两种，其一是由训练和实践而获得的技巧或能力，其二是指平素的修养。“专业素养”是指从事专业工作时内在的规范和要求，是在专业工作过程中表现出来的综合品质，包含道德、意识、态度、技能、行为、作风等多个方面。

专业素养一词常常与“专业素质”混用。《辞海》对“素质”一词的定义有三种，第一，人的生理上原来具有的特点；第二，事物本来具有的性质；第三，完成某种活动所必需的基本条件。专业素质是劳动者对社会专业工作了解与适应能力的一种综合体现，其主要表现在专业兴趣、能力、个性及情况等方面。影响和制约专业素质的因素很多，主要包括：受教育程度、实践经验、社会环境、工作经历以及自身的一些基本情况（如身体状况等）。专业素养是专业素质的表现，二者相辅相成。

在专业素养的研究中，还有一个经常用到的名词——“专业标准”。

---

① 叶澜．新基础教育研究和新型教师的培养[J]．教书育人，2011(6)：8-10.

标准指的是衡量事物的准则，专业标准的原义是专业目的，后来引申为达到某专业工作的要求，此要求也是区别专业间不同的规则。我国于2012年下发了包括幼儿园、小学和中学三个专业标准在内的教师专业标准，用于规定不同教学段的教师应达到的要求。

因此，我们可以看出，专业素养、专业素质和专业标准虽然在概念上各有不同，但都包含了教师思想、工作知识和能力的要求。一般来讲，教师专业素养主要由四个部分构成，即专业精神、专业知识、专业能力和专业实践。其中，专业精神又包括教育理念、专业态度和师德三个部分；专业知识包括学科知识、个人知识、教育知识等；专业能力包括教学能力、组织和管理能力和科研能力；专业实践包括教师组织和指导学生的认知、达成教学目标的师生共同实践活动，是教师专业素质的外化形式。

(三) 教师培养

“培养”的原义包括两个，其一是指以适宜的条件使繁殖；其二是按照一定的目的长期地教育和训练，使成长。教师的培养可以理解为按照要求长期地对教师开展教育和训练，当然培养的过程中也需要提供适宜的条件，以促进教师的快速成长。因此，教师的培养不仅仅是教育与训练的过程，而且还包含对教师的要求，如各种准入和评价的政策、制度，也包括为教师提供的条件，如福利薪酬制度等。

教师的培养主要包括两个阶段，即职前培养和职后培养。职前培养是指通过师范教育、教师资格证考试等方式规范要求，使人们能够达到从事教师工作的最基本要求。从培养的内容来看，职前培养通常关注教育、心理理论、教学知识以及基本教学技能的学习；而职后培养则关注促进教师的专业发展，如从新手教师成长为成熟教师，再发展为骨干教师、优秀教师等。在这一过程中，教师对教育的理解不再局限于理论范畴，而更多的是形成自己的教学风格和理念，并不断与时俱进。

职后培养常常通过教师培训，也称教师继续教育的方式来实现，因此培训容易被理解为即是培养。培训指的是为了达到统一的科学技术规范、标准化作业，通过目标规划设定、知识和信息传递、技能熟练演练、作业达成评测、结果交流公告等现代信息化的流程，让员工通过一定的教育训练技术手段，达到预期的水平提高目标。培训可以说只是规范的教育与训练的过程，而没有培养中所包含的各种条件和环境。

三、研究内容

(一)研究目的

本课题紧紧围绕深圳市新型教师素养培养这一核心问题，从国际比较的角度出发，全面梳理发达国家近期推出的教师教育新政、新内容和新的培养方法等，为研究深圳市新型教师素养培养奠定国际化、具有前瞻性的理论和实践基础。通过实证研究，对深圳市教师队伍发展的现状和新型教师培养的现状进行全面了解和把握。结合国际国内的优秀经验，采用SWOT分析法对深圳市新型教师素养培养的优势、劣势、机遇与挑战等进行分析，并在此基础上提出相应的战略建议，从政策制定、教师队伍管理和营造教师终身学习环境三个角度系统地构架和完善深圳市新型教师素养培养体系，达到促进深圳教育质量提高的目的。

(二)研究问题

基于当前教师专业素养培养的背景以及我国对教师队伍建设提出的新要求，本研究提出以下研究问题：

1. 发达国家教师专业素养培养的现状如何，有哪些经验值得借鉴？

(1)美、英、澳、日四国教师专业素养培养有哪些相关的政策？政策通过什么形式落地到教师具体的专业素养培养当中？专业素养培养有什么特点？

(2)美、英、澳、日四国教师专业素养的要求是什么？相关的标准具有什么特点？

2. 深圳市中小学教师队伍的现状如何，专业素养培养情况如何，各区相比较具有什么特点？

(1)当前，深圳市中小学教师的规模、学历构成、职称构成如何？对教师专业素养的培养有什么影响？

(2)深圳市中小学教师目前的生师比、班师比状况如何？教师的工作量与周边城市相比较有什么特点？对教师专业素养的培养有什么影响？

(3)深圳市中小学教师的继续教育状况如何？能否满足教师专业素养发展的需求？

(4)深圳市中小学民办教师队伍发展的状况如何？与公办学校教师队伍相比较有什么特点？

(5)教师队伍专业素养可以采取什么标准进行衡量？

(6)深圳市中小学教师专业素养是否达到了国家要求的标准？

(7)深圳市教师培养有哪些政策支持？具有什么特点？

(8)市、区两级教师专业素养培养情况有哪些特点？

(9)深圳市教师专业素养培养存在什么问题？教师有什么需求？

3. 深圳市新型教师专业素养培养的综合现状有什么特点？如何通过调整和改革进一步发展深圳市新型教师专业素养的培养？

(1)深圳市新型教师专业素养培养具有哪些优势，面临何种挑战？相应的解决思路是什么？

(2)如何通过政策制定、管理改革以及培养方法的改革实现深圳市新型教师专业素养培养的进一步发展？

四、新型教师专业素养培养研究的方法论

本研究将对深圳市新型教师专业素养的培养开展研究，这首先意味着需要对当前深圳市教师队伍的培养体系进行反思和重构，厘清其发展的现状以及存在的问题；同时，基于深圳作为我国第一个经济特区，且已成为我国的超大城市之一的实际，借鉴国际发展经验，以对构建新型教师专业素养培养体系予启示。因此，我们将从国际比较和现状研究两个角度开展研究。

(一)比较教育的方法论

比较教育是指利用一个或一个以上的国家或地区得来的资料来描述教育制度、教育过程和教育结果，帮助教育机构和教育实践发展，阐明

教育和社会的关系，概括适合不同国家的教育理论。①

美国当代著名比较教育学家贝雷迪(George Z. F. Bereday)提出了“比较四步法”，当中包括描述、解释、并置和比较等四个阶段。描述即对各种相关的资料加以系统的整理并做出客观公正的说明；解释则是在对描述阶段搜集到的资料进行分析的基础上，揭示影响这些教育现象的各种因果关系及其意义；并置是真正的比较研究的开始，是为比较而对材料进行整理的过程；比较会对所有比较研究的对象国同时进行研究，据此对并置阶段形成的假说做出验证②。

本研究将以贝雷迪的“比较四步法”为研究范式，对美国、英国、澳大利亚、日本、中国等五国新型教师专业素养的培养进行国际比较研究。

1. 描述

对美、英、澳、日、中等国教师培养体系，包括政策和行动以及影响各国教师培养内容和方式的专业标准进行阐述。由于各国的社会文化、政治体制、意识形态等都存在着较大的差别，教师培养体系也各有不同。因此，描述时采用个案描述法，分别对各国的教师培养体系进行阐述。同时，注意以下三个方面的内容：第一，各国教师培养体系形成的历史原因和关键事件，因为历史发展观可以使我们更清楚地了解和把握一国教师培养体系的现状。第二，描述一国教师培养的相关政策和行动，包括其相关政策出台的内容和时机，培养的方式方法、关注的重点以及相关学术研究对教师培养的促进。第三，描述一国教师专业标准的发展状况及内容，以期完整地把握一国教师培养所关注的重点内容以及对教师专业发展的设想。

2. 解释

主要解决“是什么”的问题，对美、英、澳、日、中等国教师培养体系进行归纳总结，概括其特点。

---

① [瑞]胡森主编．国际教育百科全书[M]．贵阳：贵州教育出版社，1990.

② 朱勃．比较教育家贝雷迪的比较方法[J]．外国中小学教育，1986(3)：27-29.

3. 并置

分别列出美、英、澳、日、中等国教师培养体系及其特点。

4. 比较

在上述的基础上，比较各国教师培养体系的优劣势，并阐述其对中国教师培养体系未来发展的启示。

(二) 现状研究的方法论

现状研究是针对深圳市教师队伍发展的现状，以及教师培养现状开展的研究，以实证主义作为研究范式。

实证主义是科学主义在哲学中的一种表现形式，其哲学基础是自然主义精神。实证主义主张，对社会世界中的现象及其相互联系进行类似于自然科学那样的探讨，并且通过具体的、客观的观察，加以经验概括得出结论。同时，这种研究过程还应该是可以重复的。实证主义发展至今，越来越强调定量研究和定性研究相结合。受自然科学的影响，实证主义一贯采用定量研究方式，因为量化的测量与分析能带来具有客观性、精确性的知识。20 世纪 70 年代，伴随着符号互动论、现象学等学派的兴起，实证主义研究范式面临危机，随之而来的是定量研究与定性研究的论战。① 后实证主义者开始意识到，定量研究并非是唯一的科学研究方法，将定性研究与定量研究相结合，能更全面地观察社会科学中的研究问题。定量研究主要用观察、实验、调查、统计等方法开展研究，在具体的研究过程中强调客观性、操作化和概括化；定性研究大多采用参与观察和深度访谈的方式获得第一手资料，侧重于对社会现象的深入挖掘和把握，从许多不同证据之间的相互联系中概括出论题、论断或理论，是一个从个别到一般、自下而上的归纳过程。

本研究把定量研究和定性研究结合起来，综合性地观察深圳市教师队伍建设的现状和教师培养的现状。定量研究主要体现在对深圳市中小学教师队伍及培养方式的解读，关注以下几个问题：第一，深圳市中小学教师队伍在规模结构、性别结构、学历结构、生师比、继续教育情

---

① 阙祥才. 实证主义研究方法的历史演变[J]. 求索，2016(4)：71-76.

况、民办教师队伍发展等方面的统计学意义；第二，深圳市教师专业素养现实状态的统计学意义；第三，深圳市教师继续教育课程设置的统计学意义。定性研究则主要体现在对深圳市中小学教师培养的解读方面，关注以下几个问题：第一，深圳市教师培养政策与行动的结构、意义、特征的深度挖掘；第二，深圳市教师对培养体系的反思及期待的深度挖掘。

（三）新型教师专业素养培养的研究方法

1. 文献研究法

文献研究法主要指搜集、鉴别、整理文献，并通过对文献的研究形成对事实的科学认识的方法。本研究通过对图书馆、互联网等多种渠道获得的资源和信息进行客观的分析，重点研究国内外教师专业素养培养以及深圳市教师培养体系等的研究和实践现状。

2. 问卷调查法

问卷调查是以书面提出问题的方式搜集信息的一种研究方法。本研究将采用网络问卷的形式，这种形式具有问卷发放和回收方便、调查时间较短、统计简便等优势，参与者可以通过扫描二维码、网络链接、电子邮件等方式直接参与问卷填写，特别适合开展人数众多的大规模问卷调查。问卷调查的关键在于问卷设计，因此本研究的问卷将以我国中小学教师标准为基础进行设计，通过专家意见、问卷试测等方式确保问卷问题涵盖面足够，无歧义，能准确把握深圳市教师的现有专业素养状况。

3. 访谈法

访谈法指通过访员和受访人面对面的交谈来了解受访人的心理和行为的研究方法。根据访谈进程的标准化程度，可将它分为结构化访谈、半结构化访谈和非结构化访谈。本研究将采用半结构化访谈的方式，访员关注访谈的要点，现场把握访谈的节奏、提问的方式以及追问的问题，以期把握深圳教师对专业素养培养体系的理解与期望。

4. 演绎法

演绎法是从一般性的前提出发，通过推导即“演绎”，得出具体陈述或个别结论的过程。本研究将通过演绎法，在比较研究和现状研究的基础上，根据项目组团队成员丰富的教师教育研究和实践经验以及专家的建议，推导出深圳市新型教师素养培养的方法和路径。

第一章　新型教师专业素养培养国际比较

教师队伍的质量如何，归根结底在于教师的专业素养是否全面。因此发达国家自20世纪80年代的教师专业化运动后，都在不断出台新的文件和政策，根据社会和文化的发展对教师专业素养进行研究，并制定相应的标准。以下将对美国、英国、澳大利亚和日本等国对教师专业素养培养的状况展开国别研究。

第一节　美国新型教师专业素养培养研究

一、美国新型教师专业素养培养的政策与行动

（一）美国新型教师培养的政策

美国1839年就建立了第一所师范学校，一直非常重视教师的培养和专业发展。进入新世纪后，教师教育政策的典型特征是从强调教学法转向了强调学科知识、口语表达、教学法的改进，主张专业学习在实践工作中进行。为不断提高教师的专业水平，美国近年来陆续出台了多项法案、报告和计划，其中较有代表性的政策文本包括：《我们的未来，我们的教师：奥巴马政府教师教育改革与改进计划》（Our Future，Our Teachers：The Obama Administration's Plan for Teacher Education Reform and Improvement，以下简称《我们的教师》）、《转变教学：连接专业责任与学生的学习》（Transforming Teaching：Connecting Professional Responsibility with Student Learning，以下简称《转变教学》）和《"RESPECT"计

划：构思21世纪的教学职业》(“RESPECT” Project：Envisioning a Teaching Profession for the 21st century，以下简称《RESPECT计划》)等。①

《我们的教师》是美国教育部为推行教师教育综合改革而发布的政策，其目的是使每一位准教师、教师都能得到高质量的培训及所需的帮助，从而打造出一支优质的师资队伍。该政策包括3个核心的策略，分别是：通过开展广泛的调查，追踪教师就业率数据，并以数据为基础来衡量教师准备项目的质量；加大财政投入，提高教师培训的质量以及标准，资助卓越教师的选拔；专门资助少数民族教师的培养。其中已列入计划的资助项目包括向进入教师准备计划的优秀学生提供奖学金，为未来教师的临床培训计划提供额外拨款，资助“教师质量伙伴计划”，投资新的“教师与领导者路径计划”。这些拨款主要用于有效的教师驻校模式，用于教师准备、支持大学教育学院和教师紧缺的中小学合作伙伴，为新教师提供综合的入门指导计划。②

《转变教学》是由美国教育学会下属的有效教师与教学委员会发布的报告，从教师队伍建设研究的角度对教师专业责任进行了新的定义，从学生、教师、学校、学区、家庭、社区、教师培养机构、教师协会、国家等9个层面提出改革目前教师专业发展的策略。其中，报告呼吁学校层面应通过支持教师的合作促进学生的学习；学区层面要帮助优秀教师成为教学方面的领袖，并且吸引和留住优秀教师；教师协会层面则要把补充有效教师作为协会领导的核心工作之一。③

2012年美国教育部发布了《RESPECT计划》的讨论文本，“RESPECT”是“Recognizing Educational Success，Professional Excellence and Collaborative Teaching”的缩写，意为“赞赏教育的成功，专业的卓越和协作教

① 谌启标．新世纪美国教师教育改革政策述评[J]．比较教育研究，2013(9)：57-61.

② 谌启标．新世纪美国教师教育改革政策述评[J]．比较教育研究，2013(9)：57-61.

③ Commission on Effective Teachers and Teaching. Transforming Teaching：Connecting Professional Responsibility with Student Learning [DB/OL]. http：//www.nea.org/home/49981.htm，2011.8.

学”。赞赏教育的成功着眼于提高学生的产出；专业的卓越希望继续提高教学水平，并且推广优秀教师和校长的经验；协作教学意味着教师要共享责任和决定权。《RESPECT 计划》关注通过提高教师的待遇，改善教师工作环境，如实施绩效工资制度，补贴偏远地区教师工资，教师整体的工资水平与其他职业相比具有优势等。在教师专业发展方面，《RESPECT 计划》提出了一个专业成长模式的范例(如图 1.1①)，为美国教师专业发展提供了可参考的成长路径。

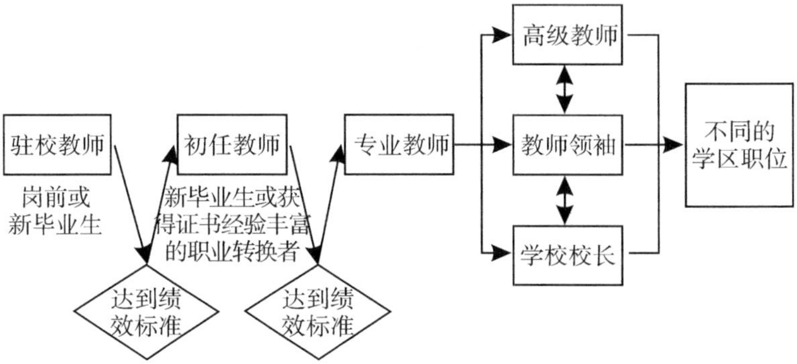

图 1.1 《RESPECT 计划》教师专业成长模式

(二)美国中小学新型教师培养的现状

美国中小学新型教师的培养，一方面着手于教师职前教育的改革，如出台《教师准备改革法》(The Educator Preparation Reform Act)，改革和强化教师准备计划的责任；另一方面也在不断改善教师职后培训，提高培训的标准，强调教师工作的实践性，使新型教师的培养形成了一个完整的体系。

目前，教师职后培训主要有高校培训、学校本位培训、在线专业发展和教师专业发展学校等几种模式。

① U. S. Department of Education. “RESPECT” Project: Envisioning a Teaching Profession for the 21st Century[DB/OL]. http://www.ed.gov/teaching/national-conversation/vision, 2012. 5. 4.

高校培训以高等院校为主体，建立了系统的教师培训课程，以教师进修高一级学位课程为主要目的，主要开设教育学士、硕士以至博士学位课程和各种教育证书课程，中小学教师经 2~3 年的业余进修，成绩合格也可获得相应的学位或教育证书。

学校本位培训则以中小学为基地，其培训目标和内容均源于学校和教师发展的需要。培训中，培训机构根据地方中小学存在的问题以及各学校和教师的实际需要制订培训计划，然后将计划发到各个中心，分批轮训，同时还调动校外各个方面的力量协助实施。

在线专业发展是近年来随着网络教育和 MOOC 的兴起而广泛运用的培训方式。不同于早期的网络课程，在线专业发展集新兴技术、在线学习者共同体、个体模拟和个性化辅导于一体，教师不是学习网络上的课程，而更多地是通过学习，发现问题，并在网络上与其他教师共同解决在教学中遇到的问题，不但形成了教师之间的互动交流，还打破了地域的限制，有利于协作互助。

教师专业发展学校并不是一所真正的学校，而是在原有中小学的基础上与大学合作形成的一种提高职前教师培养水平，促进在职教师专业发展，提高中小学学生成绩，促进中小学和大学双方改革与发展的新模式。霍尔姆斯小组在《明日的教师》报告中提出，可以建立一种类似于医学院和医院之间关系的教师培训模式，中小学为大学提供实际问题，为大学的人才培养指引方向；而大学则为中小学提供理论指导，指引中小学的更新和发展。大学和中小学双方都关注各自的利益和共同目标；双方相互信任、相互尊重、共同决策；解决问题，重点突出；专业发展学校管理程序化，实行高层领导负责制；有足够的财政支持；合作双方及时沟通、加强信息交流与分享等。①

二、美国教师专业标准概述

20 世纪 70 年代以后，美国经济发展速度放缓，基础教育危机初

---

① 琳达·达林-哈蒙．美国教师专业发展学校[M]．北京：中国轻工业出版社，2006.

现，美国政府和社会都加大了对教育改革的支持力度。80 年代开始，美国开始了教师专业标准的酝酿工作，21 世纪初正式修订完善。到目前，美国已拥有世界上最先进、最成熟的教师专业标准体系，其体系结构如图 1.2 所示。

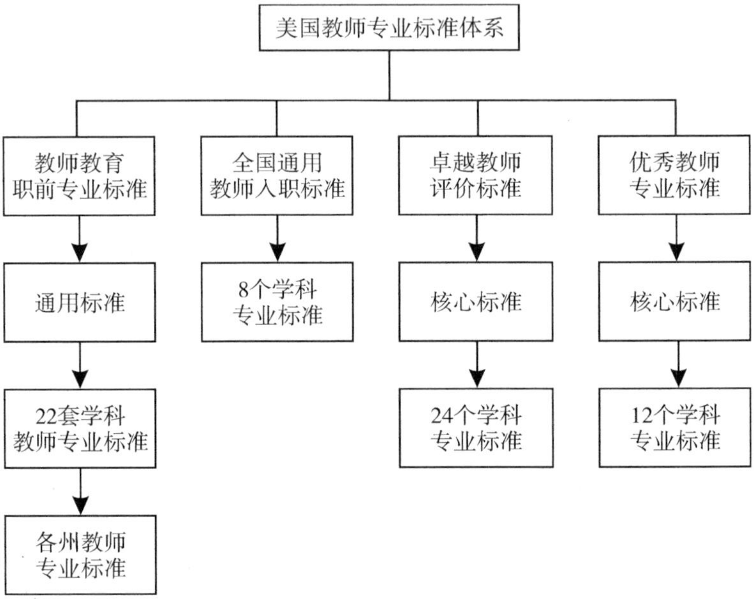

图 1.2 美国教师专业标准体系图

受联邦制的影响，美国教师标准体系包括由四个机构制定的教师专业标准，分别是全国教师教育认证委员会(National Council for Accreditation of Teacher Education，NCATE)颁布的教师教育职前专业标准(2006)、州际新教师评价与支持联盟(Interstate New Teacher Assessment & Support Consortium，INTASC)制定的全国通用教师入职标准、国家教师专业教学标准委员会(National Board for Professional Teacher Standards，NBPTS)制定的卓越教师评价标准以及美国优质教师认证委员会(Ameican Board for Certification of Teacher Excellence，ABCTE)制定的优质教师专业标准。这四个机构制定和颁布的标准分别对应美国教师教育职前、入职和职后三个职业发展阶段。美国四大全国性教师标准制定基本情况对照表见表1.1。①

表1.1 **美国四大全国性教师标准制定基本情况对照表**

标准制定机构名称	标准的对象	标准性质
全国教师教育认证委员会	候选教师	职前标准
州际新教师评价与支持联盟	新教师	入职标准
国家教师专业教学标准委员会	优秀教师	在职标准
美国优质教师认证委员会	杰出教师	在职标准

其中成立于1954年的美国全国教师教育认证委员会，是一个独立的教师教育认证机构，其任务是对新任教师入职资格进行认证和评估，而“教师教育职前专业标准”则是要求接受专业教育的新教师应达到的标准。这个标准主要涵盖五个方面的内容，包括：明白有效的教学策略；反思自己的教学实践并调整自己的教学；能从不同的文化背景角度给学生提供教学；接受教学导师的监督；能把教育技术应用于教学中。

1997年，美国州际新教师评价与支持联盟发布了新任教师应具备的十个标准原则，规定了新教师从事教育职业所必须达到的基本要求和标准。这十个标准分别是：掌握学科知识；了解学生的发展特点和学习方法；了解学生文化背景的多样性；熟悉并使用各种教学策略；营造良好的学习环境；善于利用有效的交流手段；制定科学的教学计划；掌握并使用正式和非正式的评价策略；具有反思能力与专业发展能力；具有合作精神。

“卓越教师评价标准”和“优质教师专业标准”则面向已入职的教师，推动他们向着更为专业化的方向发展。“卓越教师评价标准”提出，教

① 张治国．美国四大全国性教师专业标准的比较及其对我国的借鉴意义[J]．外国教育研究，2009(10)：34-38.

师应该致力于学生的发展和学习；熟悉所授学科领域的知识以及该学科的教学方法；负责学生学习的管理和监督；系统性地反思自己的行为；是学习共同体的成员。"优质教师专业标准"包括四大核心标准，分别是：扎实的学科知识、出色的专业化概念和领导水平、优秀的教学实践和巨大的正面影响力。

从标准的内容看，美国的四套教师专业标准都分为了总标准(也叫核心标准)和学科标准。总标准是针对所有学科的教师，其标准内容是概括性的，是每个学科标准的基础。学科标准则分别针对不同学科的教师，分别提出要求。如卓越教师评价标准已制定了幼儿综合科、小学综合科、初中综合科、幼儿及小学艺术科、初/高中艺术科、职业技术科、幼儿及小学语文、初中语文、高中语文、小学与初中数学、高中数学、幼儿及小学体育、初/高中体育、初中科学、高中科学、初中社会科、高中社会科、音乐、外语、英语作为二语、图书馆与媒体技术、特殊需要科和健康和咨询等 24 个学科专业标准。不同学科的教师在专业发展上可参照不同的专业标准来确定自己的方向，不仅进一步规范了教师的专业发展，也给予教师的学习和工作以明确的指引。

三、小结

美国的发展历史虽然不长，但在国家系统的建设上一直处于世界领先的位置，因此早早就认识到教师对于教育质量有着决定性的意义，非常重视教师的培养。根据以上对美国近年来教师政策、教师职后培训以及教师专业标准的分析，我们可以把美国新型教师专业素养培养的特点小结如下：

1. 新型教师专业素养培养体系完整，给予教师的专业发展以清晰的指示

无论是从教师专业发展的培训体系还是从专业标准建立的角度来看，美国都已形成了较为完备的体系，并且随着时代的发展仍在不断地更新。这一点既有赖于美国政府对教育的重视，也因为各种教育研究机构和协会不断地对美国教师专业发展进行研究和检讨，起到了功不可没

的促进作用。完备的体系使教师的专业发展有了清晰的指引，而详细的专业标准对各科教师应达到的水平进行了全面的规定，教师可以跟随教师专业发展的台阶逐级而上。

2. 为教师创设良好的工作环境，注重教师待遇的提高

从对美国教师队伍建设的多份文件的分析中，我们可以看出，美国一直在不断的检讨，希望为教师提供更好的工作环境。特别是在《缩小人才差距：吸引并留住成绩名列前 1/3 的大学毕业生担任教师》的报告提出要吸引最优秀的人才加入教师队伍后，美国加强了对教师待遇问题的重视。通过搭建职业生涯阶梯、延长教师的工作合同、为额外工作给予报酬、为特殊的知识和技能付给报酬等等办法提高教师的整体待遇，确保教师这一职业能吸引到足够的优秀人才，也能把优秀人才留在教师队伍中。因此，到目前，美国中小学教师的待遇水平在整个职业体系中处于较为理想的位置。

3. 培养方式上注重创新，有利于解决实际问题

美国在新型教师的培养上，注重方式方法上的创新，如教师专业发展学校加强了大学和中小学之间的平等互助，解决了学校教师的实际发展问题，因此迅速地成为了世界各地所效仿的培养模式。又如在线教师专业发展模式，美国为方便教师通过在线的方式开展专业发展，专门出台了相关标准，既指导教师们如何开展在线专业发展，又有效地保障了其质量和效果。

4. 培养内容上强调实践性，促进教师教学水平的提高

美国在教师培养上关注实践性，正从传统以理论课为中心的培养体系转变为以中小学临床实践为中心的培养体系。因此，教师培训一般都需要开展前期调研，确保内容符合基础教育的实际，培训课程设置体现了“按需施教”的原则。如推行案例教学，展示优秀案例或发布学员自己撰写的案例，既加强了学员的参与性，又培养了教师的创新能力；又如在课程开展的方式上，更多的是参加培训的教师建立学习共同体，在学习中共同讨论，共同解决问题，从而切实提高教学水平。

第二节 英国新型教师专业素养培养研究

一、英国新型教师专业素养培养的政策与行动

(一)英国新型教师专业素养培养的政策

英国对教师专业发展的实践起步较早，20 世纪 70 年代，《詹姆斯报告》就明确提出了教师培训的三阶段法，分为教师个人教育阶段(职前教育)、新任教师的职前培训与指导阶段(入职教育)以及教师在职教育和培训等三个阶段。此后，英国陆续出台了一些律法和政策文件切实保障教师的专业发展，如 1987 年的《教师薪资与条件法》，要求教师在专业发展日开展进修；又如《教学质量》《新教师培养课程批准准则》《把学校办得更好》《教师：迎接变革的挑战》等，在提高中小学教师入职标准的同时，不断推动和促进中小学教师的专业发展。

进入 21 世纪后，英国对新型教师专业素养的培养更是提到了一个新的高度。2001 年英国政府颁布了促进教师专业持续发展的文件——《学习与教学：专业发展战略》(Learning and Teaching：A Strategy for Professional Development)，这代表着教师专业发展正式成为了英国政府的国策之一。战略指出高质量的教师专业发展是实现所有关于教育的宏伟蓝图的决定性条件，并着手从加大资金投入、帮助教师选择有利的发展活动、完善各项规范、推广专业发展优秀案例、研究和评估教师专业发展活动等六大方面进行改革。①

2005 年，英国将执行师资培训的机构“师资培训署”(Teacher Training Agency，TTA)更名为“学校培训与发展规划署”(Training and Development Agency for Schools，TDA)。TDA 虽于 2012 年撤销，但存续期间，发布了多份报告，并出台了多项政策，一方面加强了英国教师培

---

① Department for Education and Skills. Learning and Teaching：A Strategy for Professional Development[R]. London：DIES 2001.

训的管理，对师资培训课程进行规范的认证，确保课程的质量；另一方面则执行持续专业发展策略，把教师专业标准调整为 5 个阶段，分别是合格教师地位（Qualified Teacher Status）、核心标准（Core）、入门后教师（Post Threshold Teachers）、卓越教师（Excellent Teachers）以及高级教师（Advanced Status Teachers）。

2016 年，英国又出台了教师专业发展标准（Standard for teachers' professional development），指出教师专业发展的标准是：专业发展必须以提高和评价学生的学习成就为着眼点，因此教师专业发展在于三个方面的内容——教学经验、学科知识以及预期的学生成就；专业发展必须有坚实的专业知识和证据为支撑，强调教师要理论与实践相结合；专业发展必须包含协作与学科上的挑战，要为教师创设同伴协作的环境，并促进他们实践能力的不断提高；专业发展必须具有持续性，强调在专业发展中为教师提供试验、反思、反馈和评价的机会；专业发展必须能优先成为学校领导层的参考，即具有一定的推广性，实现智慧性的专业信任。标准出台的同时，还配套出台了教师专业发展标准的实施指南，为标准的施行提供了详细的指引。

（二）英国新型教师的职后培训方法

由于英国相当重视教师的专业发展，国家从经费上大力支持教师持续专业发展，因此各种活动开展得有声有色。从教师接受培训的时间来看，可以分为长期课程、短期课程和专题研讨会；培训模式也相当多样化，除了通常所见的高校培训、教师中心培训、校本培训和网络培训等外，英国创立了自己的教师培训模式——教师伙伴学校（Teacher Partnership Schools，TPS）。

教师伙伴学校也称"以学校为本""以学校为基地"的教师培训模式。英国早有大学与中小学合作培养教师的传统，最开始教师的职前培养中，大多数师资培训院校都在中小学建立了相对稳定的实习基地，如伦敦大学教育学院与伦敦区 200 多所中小学建立了合作伙伴关系。发展到 20 世纪 90 年代后，英国渐渐把这种职前培养方式延伸到了职后阶段，其中谢菲尔德大学教育学院(School of Education, The University of Sheffield)提出的以中小学为基地、大学教育系与地方合作培训在职教师的六阶段模式应用最为广泛。

这六阶段模式分别是:①

第一阶段,确定教师在教学中哪些方面的培训需求,然后与大学培训部门直接联系或通过地方教育部门负责培训的专职人员向大学传递信息。

第二阶段,在确定需要的基础上,中小学与大学培训部门讨论在职培训计划。

第三阶段,商定详细的培训协议,并交教师讨论,得到教师的认可后才能定稿。

第四阶段,为培训热身。培训前两天以大学为基地,学习导引课程,包括新知识和新方法论,目的是帮助教师开阔视野和增长见识。

第五阶段,实施培训。教师进入以中学为基地的实质性培训,要求大学教师经常到教室里和中小学教师一起钻研教学难点、选择教学方法、设计教学结构等,并给教师以指导和帮助。

第六阶段,培训总结。教师对过程中的所学进行反思和总结,同时准备将培训中获得的知识、经验、技能与方法用于实际教学当中。

二、英国教师专业标准概述

(一)07 版教师专业标准

20 世纪末是英国教师专业化发展的萌芽阶段,90 年代中期英国师资培训署(Teacher Training Agency, TTA)把教师培训与专业发展的关注点由专业能力转向了国家标准的研制,并于 1998 年出台了第一套教师专业国家标准,随后经过不断地完善和改进,于 2007 年最终形成了一

---

① 王晓宇. 英国教师专业发展的实施内容与特点[J]. 外国中小学教育, 2006(8): 19-24.

整套的《教师专业标准框架》(The framework of professional standards for teachers)。该框架制定的教师专业标准包括五级：合格教师标准(Qualified Teacher Standard)、普通教师标准(Core Teacher Standard)、骨干教师标准(Post threshold Teacher Standard)、优秀教师标准(Excellent Teacher Standard)、杰出教师标准(Advanced Teacher Standard)。① 英国教师专业标准框架如图 1.3 所示。

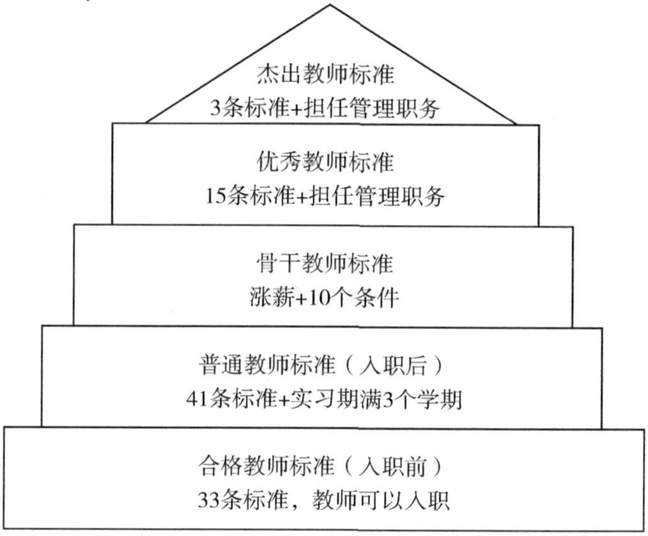

图 1.3 英国教师专业标准框架图

这五级教师专业标准密不可分，是一个有机的整体框架。教师专业标准支撑着教师入职以后的所有标准，在教师职业生涯的所有阶段均具备有效力。每一阶段的标准是建立在前一阶段之上的，因此五个标准都有专业素质、专业知识与理解以及专业技能等三个一级核心指标，以及 16 个二级指标，仅在三级指标的具体要求上有所加强和扩宽。例如，

① Training & Development for School Agency(TDA). Teachers' Professional Standard Framework [DB/OL]. https://www.heacademy.ac.uk/sites/default/files/downloads/ukpsf_2011_english.pdf, 2011.

达到合格教师专业标准是成为注册教师的必要条件，普通教师专业标准是所有标准的基础。若想成为资深教师，须达到普通教师标准和资深教师标准；若要成为优秀教师则需要满足普通教师之前的所有标准及优秀教师标准；期望成为高级技能教师需要在满足前面各阶段标准的基础上满足高级技能教师的具体标准。而最高层次的杰出级教师标准，除了需要满足优秀级教师的所有标准，还在与其他学校开展合作的能力以及领导力等方面有所扩展。

（二）11 版教师专业标准

2010 年，英国首次组成了由保守党主导，小部分自由民主党参与的联合政府。联合政府上台后不久就发布了白皮书《教学之重要性》，标示着英国教育的大幅度改革。联合政府对教育的改革建立在 4 项核心思想的基础上，分别是：关注国际竞争力、教育目的非功利性；关注社会中的不平等；回归到传统的新保守主义对“知识”的定义；减少学校每日的繁文缛节。2011 年，标准制定专家小组确定了编写的五条原则：应当明确、简洁、便于理解；应当可被用作评价教师表现和推动教师专业发展；应当增强教师对职业的自信；应当关注教学的核心要素、如何解释学生的不良表现及如何帮助有额外需要的学生；应当包含教师在校园内外所需遵行的道德行为标准。① 2011 年，英国相继发布了新版的《教师职业标准》（Professional Standards for Teachers）和《杰出教师标准》（Master Teacher Standard）。

11 版的教师专业标准把 07 版的合格教师标准和普通教师标准整合在了一起，成为了《教师标准》。精简后的《教师标准》分为两个一级指标和 11 个二级标准，虽然具体化程度有所削弱，但却有效地避免了因指标体系过于庞大而造成的可操作性低问题。表 1.2 为 11 版《教师标准》的框架表。

---

① 高鹏，杨兆山．2012 年英国教师标准研究[J]，外国教育研究，2014(1)：112-120.

表 1.2　　**11 版英国《教师标准》一、二级指标框架表**

<table>
<tr><th></th><th>一级指标</th><th>二级指标</th></tr>
<tr><td rowspan="11">《教师标准》</td><td rowspan="8">教学</td><td>1. 激励、激发和挑战学生，为学生设置高水平的预期目标</td></tr>
<tr><td>2. 加快促进学生的进步，督促他们取得优异成果</td></tr>
<tr><td>3. 拥有良好的学科和课程知识</td></tr>
<tr><td>4. 能对结构化课程进行有效的组织和教学</td></tr>
<tr><td>5. 根据学生的优势和需要来组织教学活动</td></tr>
<tr><td>6. 正确且有效地使用评价</td></tr>
<tr><td>7. 有效管理学生行为，营造良好、安全的学习环境</td></tr>
<tr><td>8. 实现覆盖范围更广的专业使命</td></tr>
<tr><td rowspan="3">个人和专业操守</td><td>1. 在校内外，教师都要展现出高尚的道德素养和适当的行为举止，从而确保社会大众对教师职业的信任感</td></tr>
<tr><td>2. 教师必须尊重并恪守各自学校的校风、校纪和校规，在个人出勤率和守时性方面时刻要有严格要求</td></tr>
<tr><td>3. 教师必须明确他们所应承担的法定职责和义务，并以此作为个人从事教育教学活动的依据</td></tr>
</table>

11 版的《杰出教师标准》则综合了 07 版骨干教师、优秀教师和杰出教师三个标准，减少了杰出教师的层级，形成了由知识、课堂表现、成果、环境和特质以及专业背景等 5 大块内容的定性描述标准体系。《杰出教师标准》的制定是建立在《教师标准》的基础之上的，要求“杰出教师”是优秀的教师，应有他们自己在某一特定领域的优势，并能够达到《教师标准》中的基本要求。定性式描述是《杰出教师标准》的重要特点，一方面，描述方式可以呈现连贯、丰富的情景，对不同学科实践领域都有广泛的跨度，并可以描绘不同学科领域的共同点；另一方面，用描述的方式而不是用列标题的方式，能鼓励对照标准采用最适合的方式，而不是像对能力清单打钩一样进行评价。①《杰出教师标准》在实施上还有

① The Department for Education. Second Report of the Independent Review of Teachers' Standards[R]. London: The Department for Education, 2012: 22.

一个新的动向，解除了教师级别升高与薪水的挂钩。07 版教师专业标准规定教师升为骨干教师、优秀教师和杰出教师后，都可以得到相应的加薪。但在英国的实践中证明，这一方式并不利于教师的专业成长。比如，影响了校长运用标准去评价教师的能力；削弱了教师的专业自主权，导致部分教师为提高薪金而被动地去通过标准评价；过于强调薪金报酬还部分影响了区域和校际师资均衡配置。①

三、小结

根据以上对英国新型教师专业素养培养的政策、行动以及教师专业标准的分析，我们可以将英国新型教师专业素养发展的特点总结如下：

1. 政府重视，强化了对新型教师专业素养发展的管理

近几十年来，在加强国家对教育以及教师专业发展的控制和督导方面，英国政府的改革力度大大超乎了人们的想象。英国学校培训与发展规划署虽定位为非部门的公共机构，但其成立的目标就是服务于教师的专业发展，其职权甚至扩展到了对师资培训机构进行认证。同时，英国一系列政策的发布，构成了强制教师参加持续专业发展的体系，加上有效而高质的师资培训课程，将英国教师专业发展推到了整体教育改革的最前沿，而这一切都因为英国政府打破了政府较少干预教育的传统，充分发挥了中央集权制的优势。

2. 注重在实践中实现教师专业发展

与美国教师专业发展注重实践性较为相似，英国教师专业发展也表现出极为强烈的实践本体性。如教师在职培训的形式有课程学习与编制、学科会议、专业讨论、研讨会、示范观摩课、展览活动和参观等，都离不开教学实践的问题及其解决。而教师伙伴学校从职前教育扩展到职后教育后，中小学教师更是在大学的指导下，在教学实践一线提高专业水平。教师专业发展的评估则采用“起点评估”“业绩管理”“最佳实践研究奖励金”计划、“在职训练课程奖励”“国家教学奖”等，目的就是鼓

---

① 曾鸣．英国《杰出教师标准》述评[J]．外国教育研究，2013(2)：57-63.

励教师从教学实践中实现专业发展。

3. 强调教师专业发展的一体化

2012 年前，英国的教师职前教育和职后教育都由学校培训与发展规划署负责统筹管理，这对教师专业发展的一体化起到了极大的推动作用。20 世纪 90 年代后，英国就把教师专业发展改革的重点放在了职前和职后教育培训的衔接和过渡上，注重从教师成长的整体历程来推动教师专业发展。如不仅在新教师入职的第一年实施了入职培训制，而且还对同样容易产生职业不适症的第二和第三年采取了鼓励早期专业发展的资助计划，通过教师教育不同环节和部门的相互协调来共同促进教师的成长。①

第三节　澳大利亚新型教师专业素养培养研究

一、澳大利亚新型教师专业素养培养的政策与行动

(一)澳大利亚新型教师专业发展的政策

作为一个多民族多文化的西方国家，澳大利亚在 20 世纪 90 年代前并不是非常重视教师队伍的专业发展，教师在职教育的发起者主要是教师、学校和高校，而政府并没有制定和推行全国性的、长期的、系统的举措，而只是提供一些经费资助教师提升学历。

20 世纪 90 年代后，随着澳大利亚政府中长期教师专业发展举措的制定与推行，澳大利亚教师专业发展才走上了正式的轨道。1988 年，澳大利亚发布了一份报告——《强固澳大利亚的学校》(Strengthening Australia's Schools)，指出澳大利亚学校改进的六大领域是：一个统一的课程框架，一项统一的评价方法，优先改善教师的培训，增加后义务教育的入学率，提升教学过程中的平等以及增大教育的投资。为响应其中

---

① 王晓宇．英国教师专业发展的实施内容与特点[J]．外国中小学教育，2006(8)：19-24.

所提到的“优先改善教师的培训”，1989 年和 1990 年澳大利亚教育部门陆续发布了 5 份教师教育报告，分别是 1989 年联邦教育部下设学校委员会的《教师素质：一份议题文件》和联邦教育部的《关于数学和科学课程教师教育的学科评估报告》，以及 1990 年教育委员会的《澳教师教育报告》《教师教育形式报告》和《未来十年议程报告》。这些报告从不同角度分析了澳大利亚教师队伍建设所存在的问题，也对教师的职前与职后教育，以及专业水平的提升等给出了重要的建议和策略。5 份教师报告的出台，也促使澳大利亚政府开始为中小学教师的专业发展提供更多的资助，以帮助他们扩宽发展渠道。如 1989 年，联邦政府设立了 4000 个奖学金名额用于教师在职进修；1991 年拨款 200 万澳元用于中小学自然科学、技术教师提高专业水平。

1999 年澳大利亚联邦教育部、各州和地区的教育部部长共同签署了《关于 21 世纪国家学校教育目标的阿德莱德宣言》，提出教师专业发展是“21 世纪国家教育目标”的重要组成部分，并要求“提升教师和学校领导的质量、专业主义和地位”。2000 年，联邦政府发布“21 世纪教师”改革计划，提出要培养优质的教师和学校领导者。2001 到 2003 年间，澳大利亚各部门连续发布了《专业发展 2000：澳大利亚学校教师专业发展的全国图景》《澳大利亚中小学数学教师卓越教学标准》《高熟练科学教师专业标准》《一种值得关注的道德——对新教师的有效计划》以及《澳大利亚的教师：澳大利亚的未来》等几份报告。其中，《专业发展 2000：澳大利亚学校教师专业发展的全国图景》对教师专业发展提出了两方面的建议：第一，教师准备与持续发展围绕提升教学质量和教学标准；第二，教师和校长标准必须满足教师和学生发展的需要。《澳大利亚的教师：澳大利亚的未来》则强调教师在知识经济社会中的核心地位，主张吸引、准备和留任优质教师。①

(二) 澳大利亚“政府优质教师计划”

基于“21 世纪教师”计划，2000 年，澳大利亚联邦教育部正式开始

---

① 谌启标，柳国辉 . 21 世纪澳大利亚教师专业发展政策改革述评[J]. 比较教育研究，2014(8)：12-17.

实施“政府优质教师计划”(Australian Governmentality Teacher Program)。这一项目不仅是澳大利亚政府斥资较多的项目，更是实施时间最长的教师专业发展项目，至今仍在进行当中。该项目主要包括州和地区一级的教师专业学习项目、全国性的战略举措、澳教学与学校领导学会所开展的活动等三个主要部分。

全国性的战略举措又含有“面向21世纪的教师：开创不一样的未来”(Teachers for the 21st Century：Making the Difference)计划、“更明智的学校之关于教师素质的全国合作”计划(Smarter Schools Teacher Quality National Partnership)和“面向中小学教师和学校领导的数字化战略”(Digital Strategy for Teachers and School Leaders)等几个主要的政策。

“面向21世纪的教师：开创不一样的未来”计划2001年开始，2002年结束，其主要目标是：通过了解新教师的需求，以及确定能够促进新教师顺利“转型”投入工作的原则和实践，从而提升新教师的入职准备质量，并为新教师们提供支持。

“更明智的学校之关于教师素质的全国合作”计划始于2008年，面向全国所有的教师和学校领导，主要包括7大改革任务：通过各种途径吸引最优秀的毕业生从事教学工作；通过与高校的合作提升教师培训的质量；制订国家教师专业标准；推动国家教师认证，以支持教师的流动；在工作中拓展和提升中小学教师与学校领导的技能与知识；通过奖励优秀教师和学校领导来留住教师；提高师资劳动力的质量与效率。

“面向中小学教师和学校领导的数字化战略”从2008年开始实施，目的在于促进中小学教学与学习的持续、有意义的改进，特别是信息沟通技术的水平，其具体内容包括：通过促进澳大利亚学校教学与学习持续、积极的变化，从而支持数字化教育改革的推行；把信息沟通技术纳入国家课程结构中，数字技术的运用作为课程的一部分等。① 为推动这一举措的实施，澳大利亚联邦教育部设置了周期性的活动开展路径：确

---

① 俞婷婕著．澳大利亚政府优质教师计划研究[M]．北京：教育科学出版社，2013. 73-75.

定教师的目标——确定行动计划——记录行动计划——根据计划开展行动——自评目标达成情况——评估教师的水平。

二、澳大利亚新型教师专业标准概述

基于国际竞争越来越激烈，而澳大利亚教师质量又亟待改善的现实，从20世纪90年代中期起，澳大利亚联邦教育部就开始着手从制度层面确立全国通用的教师专业标准。1996年，澳大利亚教学委员会(Australian Teaching Council，ATC)发布了《国家新任教师能力框架》(National Competency Framework for Beginning Teacher)，用以规范新任教师的教育教学能力。此后，经过反复酝酿以及广泛的讨论和商议，2010年澳大利亚终于公布了《全国教师专业标准》(The national teacher professional standards)，以“设计和管理学生的学习”来定义教师的工作，对教师专业发展进行了全程规划。标准制定的九点原则是：①

(一)必须明确优质教学与提高学生学业成就间的关系；

(二)确保优质教学的内涵获得一致认同；

(三)保证教学的真实及教学知识的广博；

(四)必须鼓励教师持续提升自己的专业水平；

(五)必须在重视当前有效教师专业实践的基础上思考未来发展方向；

(六)必须掌握能有助于学生学习的专业及教育学的理论知识；

(七)必须关注结果，从而确保教师专业水平、教师评价和专业学习间的紧密联系；

(八)必须反映教师从大学毕业到专业领导阶段整个阶段的专业体验和成长过程；

(九)必须保证无论在任何社会文化背景下发生的教学行为，只要是优质教学，都能够得到促进、支持、认可和奖励。

---

① Ministerial Council on Education，Employment，Training and Youth Affairs. Teacher Quality and Educational Leadership Taskforce：A National Framework for Procesional Standards for Teaching[S]. Canberra：MCEETYA，2003：8.

在此基础上，澳大利亚从教师职前教育、专业发展各个阶段的实际情况出发，把职业维度和专业要素两个方面有机结合，共同强调教师职业的专业特性和发展需求，如图 1.4 所示。其中，职业发展维度主要界定了教师发展的阶段以及相关的特征，如职业维度的毕业、能力、成就和领导分别对应着教师专业发展的四个阶段——毕业阶段(Graduation)、胜任阶段(Competence)、成熟阶段(Accomplishment)和领导阶段(Leadership)，为教师专业发展指明了方向。而专业维度则界定了教师所应该具备的三个方面的素养，分别是专业知识、专业实践和专业参与。

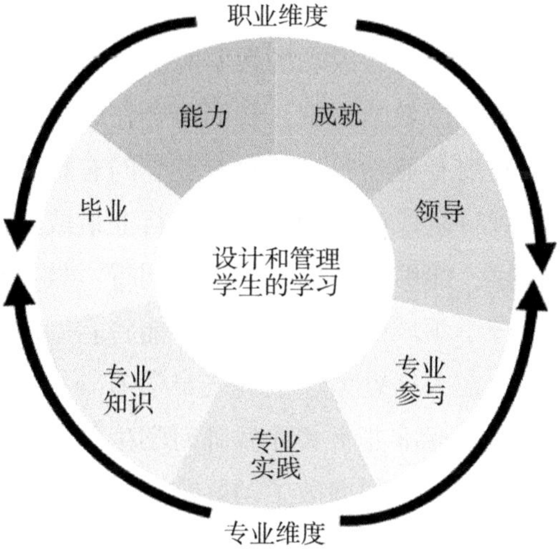

图 1.4　澳大利亚教师专业标准框架图

在专业标准当中，职业维度演变成了四个不同阶段的要求，3 个专业维度则分别进行细化，形成总共 7 个二级指标、共 37 条三级指标，如表 1.3 所示。

在横向的不同层次水平教师专业发展上，标准给出的要求一级比一级高。如教师教育机构的毕业生在进入教师行业时，要具有较多的学习经验而非实践经验，应尽心承担支持学生学习的责任，具有责任心、热情和人际交往能力，并以此来确立自己在学校中和相关的社区中的专业

表 1.3　　　　　**澳大利亚教师专业标准指标状况**

一级指标	二级指标	三级指标数量
专业知识	了解学生并知道他们如何学习	6
	掌握学科内容并知道如何教授	6
专业实践	能为有效教学和学习做计划并实施	7
	能创造和维持具有支持性并安全的学习环境	5
	对学生的学习开展评价、提供反馈和报告	5
专业参与	参与到专业学习中	4
	能专业地与同事、家长和社区交流	4

角色。胜任阶段的教师要具有成功的教学经验，应根据学生个体和团体的需要来为他们量身定做教学计划，和同事合作以促进专业实践。成熟阶段的教师要善于开展专业学习，并对专业学问有贡献，应尝试帮助他人展开专业学习。领导阶段的教师是在教育行业最成功的专业人士，应是有责任感的教育家，能够为他们的学生、同行、教育行业和社区树立教育愿景；了解教育学领域的最新进展，并能将它们应用到他们自己的学生身上去，具有内在人格魅力，坚持终身学习等等。

澳大利亚教师专业标准非常关注教师对学生的了解，充分体现了以学生为本的特点。专业参与则突破了国际公认的教师专业标准——专业知识、专业技能和专业品质三个维度的框架，体现了“专业品质、专业关系协调能力”的内容，强调教师应在学习和交流中进步和反思。标准3个一级指标、7个二级指标及4个发展阶段的形式，简单明了，给予了教师专业发展明确的方向指示，具有很强的指导性。

三、小结

澳大利亚的新型教师培养虽起步不算早，但后期大量资金的投入以及多项计划的实施，加之研究工作的深入开展，快速地推动了其发展。

澳大利亚的新型教师专业素养培养带有较强的目的性，教师专业发展的终结点是学生学业成就的提高。这里学生学业成就的提高，不仅仅是指学习成绩的提高，还包括学生在学习过程中的情感、动机、参与意识的发展与进步。因此，对应于教师的专业发展，澳大利亚对新型教师的要求非常全面，这反映在教师专业标准的内容上，体现为条目详细系统。

澳大利亚新型教师专业素养培养的另一个特点是，专业标准成为了教师专业成长的指路明灯。其体系与美国不同层级的教师专业标准由不同机构制定不同，全部层级的专业标准不仅统一发布，而且标准要求也融于一体，为不同专业发展水平的教师都提供了很好的指引。每一层次的要求是什么，教师需要具备哪些能力才能晋升到下一个层次，都规定得清清楚楚，教师完全可以根据自己的实际情况依照专业标准制定生涯规划。

第四节　日本新型教师专业素养培养研究

一、日本新型教师专业素养培养的政策与行动

(一)日本新型教师专业素养培养的政策

日本的教师专业发展有着很好的传统，早在 18 世纪明治期间，不少学校的教师已经开始以自发的方式组织不同的学习活动以提升教师的教学能力。在教师专业化发展的浪潮席卷下，1987 年，日本文部省发布了《关于提高教师能力的措施》的咨询报告，以此为依据，对《教师许可证法》进行修改。1989 年日本开始实施初任教师研修制度，规定初任教师必须参加为期一年的初任研修。1990 年，日本开始从政府的层面组织教师培训，为具有一定经验的教师在工作一段时间(五年、十年、十五年或二十年)后，安排接受较系统的在职教师培训。1997 年，根据日本中央教育审议会提出的“提高教师素质”咨询建议，教职员养成审议会出台了“提高教职员素质的具体方案”的第一次答申，指出新型教师的理想形象包括两个方面，分别是具有教育者的使命感和具备适应时代要求的各种具体素质。

进入21世纪后，日本加强了对教师专业发展的统筹管理。2001年，日本成立了国家教师培训中心，为文部科学省统筹及推动有关教师培训工作，其中包括开办全国性具规划性的培训课程，着重于学校领导或优秀教师组群。同年，日本新成立的《国家教育改革委员会》发表了《迈向二十一世纪教育改革计划》(The Education Reform Plan for the 21st Century)，提出了包含7大目标的彩虹计划(Rainbow Plan)，其中一项是针对教师的专业素养问题，指出必须使培养教师成为“教育的专业”，主要包括三项方案：引入奖励，以表扬表现优秀的教师；为教师提供不同性质的社会参与经验(例如到教育外机构学习)；以及为表现欠佳的教师提供有效的改善方案，包括暂停教学工作的安排，转职至其他非教学工作单位。

2002年，日本修订了《公立教育服务人员特别规定》条款(Law for Special Regulations Concerning Educational Public Service Personnel)，要求各地行政教育单位为任教十年的教师安排系统的培训课程，其后也要按教师个别发展需要，在合适的时段提供培训的机会。

2009年，日本开始实施教师换证制度，力求让教师时时保持作为教师必需的资质能力。日本的教师换证制度围绕“研修本位”进行规划，规定教师每教满十年，必须接受由各府与大学合作开办的为期不少于30小时的培训证书课程，其中12小时课程是关于教育的创新和发展，18小时则是与教学相关的学习内容，如教学方法、课程发展等。相应的教师资格证也划分为基础教师、一般教师与专业教师三个档次，从而适应不同发展水平的教师需要。

(二)日本新型教师专业素养培养的实践体系

日本新型教师专业素养培养由高度参与的各级教育行政单位共同完成，其中有关教师培训的方向、规划或相关规定的国家政策，由文部科学省负责；而具体的实践及执行则主要由都、道、府、县或者其辖下的市教育部负责。这种模式方便了各地区针对各地区的特点，采用更适合本地特色的方法，以促进教师专业素养的提高。

图1.5说明了近年来日本各层级教师培训的情况。从图1.5中，我

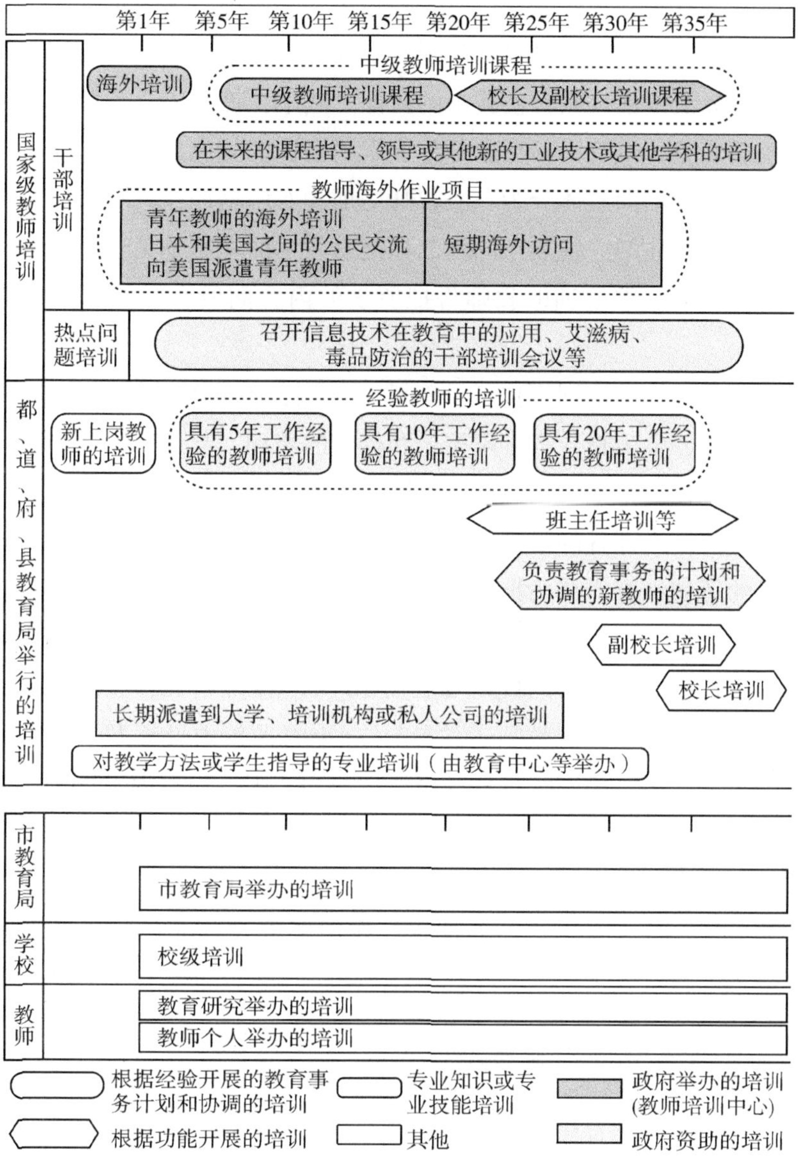

图 1.5　日本近年来教师培训层级①

---

① Hidernori Fujita, The Qualifications of the Teaching Force in Japan in Ingersoll, Richard M. [A]. In "A Comparative Study of Teacher Preparation and Qualifications in Six Nations." CPRE: 2007.

们可以看出日本的教师培训可以分教师举办的培训、学校培训、市教育局培训、都道府县教育局培训和国家培训等几个层次，培训形式多种多样，而且灵活方便，很方便教师的研修。其中，都道府县和国家级的培训系统而完整，是日本新型教师专业素养培训的特色所在。

国家级的培训总体分为一般教师培训和专门培训，其中专门培训会瞄准当前所关注的一些热点问题，如信息技术的应用，关于艾滋病的教育等等，参与这类培训的教师将把所学的内容向所在学校和社区进行讲解。

都道县组织的培训则包括：新教师培训，不同经验段教师的培训，课程协调员、学生指导者、副校长和校长的培训，与大学、研究中心和私人公司合作的长期(1 至 2 年)培训；这类培训由各地区的教育行政部门具体负责，在课程的设计上主要针对该地区的文化背景及发展需要，对地区的适切性有充分的把握，但不同地区教师培训课程及要求也有相当明显的差异。如东京都要求新教师第一年必须接受相当严格的入职培训，当中包括 180 小时的校内发展及 16 天的校外培训；完成首年的入职培训后，第二年任职教师还需参与 30 小时的校内发展及一天半的校外进修活动，第三年则将校外进修活动减为一天，而校内发展则维持在 30 小时。而北海道则要求教师除于工作首年参与一年的教师入职启导培训外，还需按其工作的经验(满五年、十年、十五年、二十年或二十五年)，参与不同性质的培训课程，如中层领导、准任校长及新任校长等。

二、日本教师专业标准概述

受东方传统教育思想的影响，日本社会对教师专业性的早期认识仅仅局限于“对于自己的专职有着热爱和自豪，并且集知识和技能于一体”的狭隘范畴。20 世纪 90 年代中期，在日本社会国际化、信息化、环境问题日益严峻的背景下，日本教养审对教师专业标准重新定位，提出了今后的教师在这个急剧变幻的时代，应该着眼于培养孩子独立学习、独立思考、具有丰富人性的生存力，并以此为目标实施教学。

根据该建议，教养审将教师的专业标准进一步具体化，确定为三个一级指标，9个二级指标的内容体系：①

1. 立足于全球化视野的教学资质能力
1.1 能够对地球、国家、人类等有正确的理解和认识
1.2 具有丰富的人性
1.3 具有在国际化社会中必备的基本资质能力
2. 作为社会人在多变时代生存所需的资质能力
2.1 解决课题等的能力
2.2 处理人际关系的能力
2.3 适应社会变化的知识和技能
3. 教师教学所必需的资质能力
3.1 对幼儿、儿童、学生教育的方针等有正确的理解
3.2 对教师职业有执着和热情，并引以为豪
3.3 具备指导学科、学生所必需的知识、技能及态度

由此也可以看出，日本的教师专业标准虽较为抽象化，但同时具有儒家色彩，又具有一定的时代特点。日本对教师专业品质的要求是，作为教育者的使命感，对人的发展成长的深刻理解，对幼儿、儿童、学生的教育爱，广博丰富的修养，从教师专业职责角度看必有的资质能力，积极发展个人专长领域并致力于个性的成长。这体现出了对教师作为教育者素质的要求，同时强调了教师应发展丰富的个性，拥有各自的专长。在专业知识上，则要求教师掌握在任何时代都必须具备的知识，包括教学科目的专业知识和广博丰富的修养，其中广博丰富的修养是建立在学科知识以及广博的知识基础上的，突出了东方文化对"为人师表"的强调。在专业实践上强调基于个人使命感、对人发展成长的深刻理解、教育爱、学科专业知识、广博丰富的修养的实践指导能力以及在全

① 熊淳．日本的教师专业标准研究[J]．外国中小学教育，2009(5)：9-14.

球视野指引下采取行动的资质能力，兼具了当代前沿的专业素养以及基础素养。①

三、小结

作为典型的东方国家，日本在现代教育的运行中不仅将尊师重教的传统发扬光大，而且还十分重视传统与现代的结合，使日本新型教师的专业素养得到较好的培养。其特点可以总结为以下几点：

1. 尊师重教，切实提升教师的社会地位

在日本，教师工资制度是教育财政制度中最重要的部分之一。日本还将中小学教师单独纳入教育公务员职系，并制定了单行的《教育公务员特例法》来规范教师的权益和义务。日本教育公务员的待遇要优于一般公务员，以确保优秀人才进入教师职业。

在文部科学省管辖的正规学校中，义务教育教师和其他层次教育的教师的工资相比处于偏低水平，但与普通公务员和其他职业相比却处于偏高水平。日本中小学教师的工资可以分为基本工资和津贴两大部分。基本工资包括标准工资、教职调整额和工资调整额。除基本工资以外，津贴是工资的另一大组成部分。日本教师的津贴种类繁多，包括生活类津贴、地域类津贴、职务类津贴、工作表现类津贴等。②

较高水平的收入，有效地保障了教师这一职业在日本社会中的较高位置，这不仅能吸引优秀毕业生加入教师队伍，而且能维护教师队伍的稳定性。

2. 以能力提升为教师专业发展的核心

教得好，自然学得好，日本长久以来教师专业发展的重点都放在了教师教学能力的提升上，尤其是教学方面的水平的提升。③ 如日本教师

---

① 单志艳．美英澳日中小学教师专业标准比较研究[J]．内蒙古师范大学学报，2012(4)：23-27.

② 李建忠．OECD 各国教师工资水平比较[J]．中国教师，2009：18-21.

③ 陈茂钊．从日本相关的经验探索香港教师专业发展的方向[J]．香港教师中心学报，2015(14)：29-49.

职后培训以课例研究为主，其重点不是观察上课的实践，而是体验一项相当精密的教师互动学习活动。整个学习中结合了知识巩固及实践的元素，当中的学习环节，包括共同备课、实践教学、教学演绎、讨论、反思及重整等过程，并全部由参与教师共同合作完成。

日本对教师教学能力提升的重视，还体现在培训内容重视知识和能力的全面性。日本把教师需要应对的重点问题列入了教师专业发展的范畴，使教师在培训中所学习到的知识能马上应用于教学问题的解决中。另外，日本在新型教师的培养上，非常注重教师国际视野的开拓，把教师送到海外进行学习已经成为国家层面的教师培训的惯例。如此一来，教师能了解到国际教育发展的前沿思想和理念，更新教学方法和方式；同时，教师在教授学生时，也能引入最新的教学理念，促进学生的国际化发展。

3. 着力推动教师之间的协作学习，促进共同发展

日本非常重视经验与文化的传承，在现代教育中，日本仍保留了这一传统，在新型教师专业素养的培养上加强“师徒式”的学习传统，把学校建成了学习型机构。2013 年，经合组织（OECD）发布的研究报告——《教与学的国际调查》（Teaching and Learning International Survey，TAILS）发现，日本教师参与同侪学习的比例相当高，参加观课及友校探访学习的百分率是 51%，远远超过 30 个地区教师的平均百分率 19%。而且，超过 80%的教师认为同侪学习能对自己的教学产生明显的正面影响。①

由于同一个地区的教师遇到类似教学问题的几率较大，因此教师之间的协作学习能切实帮助教师解决现实问题，提高教学水平。而且，日本的同侪学习实践性非常强，并非单纯的课后评课，因此更有利于加强教师之间的协作交流。

---

① Organization for Economic Co-operation and Development（OECD）. Japan-Country note-Results from TAILS 2013［DB/OL］. https：//www. oecd. org/japan/ TALIS-2013-country-note -Japan. pdf，2016-10-05.

第五节 美英澳日四国新型教师专业素养培养对我国的启示

从以上对美英澳日新型教师专业素养培养的分析，笔者发现四国对教师专业素养的研究起步较早，已发展出了较为成熟的新型教师专业素养培养体系，提出的众多标准虽各有异同之处，但都体现了研究者和政府对教师这一职业的高度关注。这四国新型教师专业素养方面的经验，对我国教师队伍的建设有着重要的启示作用。

一、关注新型教师专业素养培养的质量

随着国际竞争的加剧，越来越多的国家都将教育放在了至关重要的位置，而教师队伍的质量直接影响了教育的质量，美英澳日四国更是在开展教师专业发展实践时，把培养的质量放在了首位。如美国制定各种法规和政策规范教师专业发展，英国对教师培训机构和课程进行评价和评估等都对教师专业素养培养的质量要求很高，澳大利亚政府投入大量资金改革和推动教师专业发展，日本更是通过适当放弃数量的方式保证教师开展有效的专业发展。

我国目前教师专业发展正进入一个发展的高潮期，随着“国培计划”的推行和扩展，各级培训都进行得如火如荼。仅 2010 年，“国培计划”就惠及中小学教师 115 万人，其中农村教师 110 万名，占参训教师总数的 95.60%，多数教师是第一次参加国家级培训。其中示范性项目共培训 33.4 万人，覆盖全国 32 个省份 600 多个县；中西部项目培训 81.6 万人，覆盖 23 个中西部省份的 25 万余所农村中小学校，基本实现了农村义务教育学校全覆盖。

参考四国在职教师培训“重质量”的特点，我国教师专业素养的培养应进一步把重点放在“质”的提高上。提升我国教师专业素养的培养质量，可以从以下两方面入手。其一是，有重点地提高教师培训的质量。由于各地区经济发展的不平衡，导致我国教育发展也不够均衡。总

体而言，东中部地区教师队伍的专业素养相对较好，但由于东中部地区同时也是人口集中的区域，生师比较高，教师的工作负担较重。因此，教师需要额外投入大量精力，才能顾及自身的专业发展。在这种情况下，应把专业能力培养的重点放在“质”上，让教师通过高质量的学习能快速地提高自身的专业素养。其二是，提高远程培训的质量。从我国全国性的培训来看，国培示范性项目远程培训 32.5 万人，占总人次的 97%；中西部项目远程培训 70.4 万人，占总人次的 86%。远程培训有费用低廉、受益面广的优点，“国培计划”的远程培训又特别注重教学实践性方面知识和技能的学习，而且配套了相应的答疑讨论等。但是在实际的远程培训中，教师更倾向于视频学习，而不擅长讨论和交流互动，在网上发疑问、互相讨论的频率并不高，即使强制教师上网讨论，教师对于如何在网上开展深层次、高水平的讨论也无所适从。因此，参考美国等国在在线教师专业发展方面的经验，提高网络培训的互动性，实现“质”上的飞跃，已成为我国远程教师培训的当务之急。

二、贯彻 UGS 模式，建设一体化培养体系

当今世界非常注重教师培养中政府(Government)、大学(Univeristy)和学校(School)之间的合作(即 UGS 模式)，发挥各方的力量，以促进一线教师的专业发展。就政府的层面而言，出台各种政策文件，一方面是保障教师专业发展的制度化和规范化，另一方面也是为教师专业发展提供更为理想的环境。大学则在这个过程中，承担开阔视野、理论引领和高端指引的任务，如在中小学中引入新的教学理念和教学方法，指引教师提高教学能力和专业发展等。学校是一线教师工作的场所，形成学习共同体，在工作的同时，不断反思和提高。

从美英澳日四国的实际中，我们可以发现，各国都出台了专门针对教师队伍建设和教师专业发展的政策文件，美国、澳大利亚、日本等国的州、省、市等政府或教育行政部门还分别出台了适应本地教师队伍发展的相关政策。而美英两国的教师专业发展学校和教师伙伴学校，都非常重视大学和中小学之间的合作，这种合作不仅是教师到高校受训，接

受理论知识，更是高校对中小学教师的跟踪指导，大学专家与中小学教师协商、讨论，改进中小学教师的教学，从而形成大学为中小学提供理论指导，中小学为大学提供实践经验的双赢局面。同时，中小学教师在教师培训中，形成学习共同体，教师打破校际之间、学科之间的界线，共同探讨解决教学中遇到的问题，共同提高专业化水平。

借鉴四国的做法，我国在《国务院关于加强教师队伍建设的意见》中已明确提出，要建立高等学校与地方政府、中小学(幼儿园、职业学校)联合培养教师的新机制。目前，我国许多地方政府与高等学校之间开始签订深度合作的方案，希望借高校的力量全面提升地方经济和文化建设；中小学也与相关高校合作，派遣教师到高校学习。但是，在教师专业素养的培养工作中，我国仍需进一步厘清地方政府、高校和中小学各自应承担的责任，如地方政府需为高校和中小学之间的合作提供指引，改善合作的环境，以促进高校和中小学之间深度合作的形成。

三、改善教师工作环境，促进整体素质提升

美澳日三国在对教师专业素养做出要求、加强培训的同时，也通过提高教师的待遇，改善教师的工作环境，从另一个角度促进教师整体素质的提升。由于美国中小学教师的工资高出普通企业职员工资额25%~35%，在全美13大行业中排名第六位，因此美国通过加大教师资格证获取的难度，吸引最优秀的毕业生加入到教师行业来。在澳大利亚，教师是受人尊敬的职业，而且也是澳洲人才比较紧缺的职业之一。初级教师的起薪在澳大利亚是一年5万澳币左右，约合25万人民币，而且在工作三年之后，工资通常会超过6万澳币。由于教师是一个相对稳定的工作，很多人从小就会把教师作为自己未来选择的职业。日本教师工资制度是教育财政制度中最重要的部分，在教育财政预算中，教师工资所占的比例最大，目前大约占到80%。在日本，教师为公务员，义务教育学校教职员的工资必须高于普通公务员的工资标准。① 英国教师的收入

① 佚名．世界各国教师的待遇及社会地位[J]．教师博览，2009(04)：15.

在全国也属于中上水平，英国所有职业平均年薪为 2.2 万英镑，而中小学教师年平均工资为 3 万英镑。图 1.6 是世界经合组织对 2012 年 G20 部分成员国中小学教师工资的调查情况，日本、美国和澳大利亚分列第三、第四和第六名，都高于 OECD 国家的平均水平。

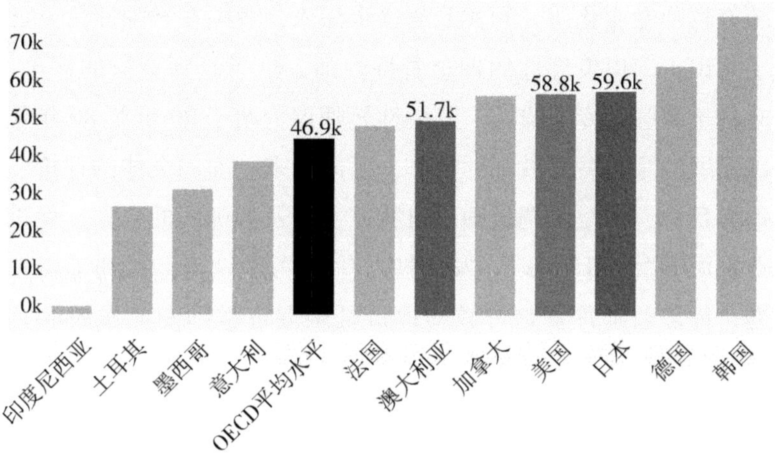

图 1.6　2012 年 G20 部分成员国中小学教师工资收入排名①

目前，我国的教师收入与四国相比，属于低下的状态。据国际经合组织和中国劳工统计年鉴的数据，2013 年，中国在岗教师的平均年薪为 42782 元人民币（约 6971 美元），而比利时、韩国、德国、美国、日本教师的平均年薪都在 4 万美元以上。中国教师工资大约为比利时的 1/7，美国的 1/6，巴西的 1/3，在被调查的国家中排名垫底。② 我国 2009 年绩效工资改革以后，中小学教师工资由四个部分构成：基本工资、教龄工资、绩效工资（基础性+奖励性）和津补贴。其中基本工资和教龄工资是固定部分，执行全国统一的教师工资等级标准表，而绩效工

① OECD. Teacher Salaries [EB/OL]. https://data.oecd.org/eduresource/teachers-salaries.htm，2016. 8. 10.

② 网易．中国教师：最受社会尊重，工资收入垫底[EB/OL]. http://news.163.com/14/0909/23/A5O4J8BN00014MTN.html，2016. 10. 10.

资的保障水平则很大程度上取决于地方政府的财政支付能力。地方政府如何根据本地经济发展水平，相应地提高教师的工资水平，对于教师队伍的稳定性以及专业素养提高都将起着积极的作用。

四、构建发展性教师评价体系，促进教师专业成长

随着教师专业化研究和实践的逐步深入，各国在教师评价上已基本形成了共识，即以发展性的理念看待教师，给予教师宽松的评价环境，将更有利于教师的专业成长。发展性教师评价始于20世纪80年代，是一种以发展的眼光看待教师的工作，面向未来、面向全体的评价。它不以奖惩为目的，而是强调教师的自我完善以及教师间的合作，促进教师的专业发展和“终身学习”。发展性评价自问世以来，得到了广大教师的欢迎，许多教师称赞这种教师评价既是促进教师专业发展的有力措施，而且是纠正缺点、发扬优势的有效途径，更是一项至关重要的教育改革。①

我们从对美澳英日等国教师专业标准和教师专业素养培养的分析中可以发现，发展性教师评价的理念已在这些国家得到了有效的普及。如美英澳等国的教师专业标准，区分出了不同层次教师应达到的标准，其实质就是发展性教师评价的体现。分层次的教师专业标准既能清楚地引领教师的发展方向，同时也作为对教师进行评价的基石，整体提高教师的素养，并能做出长期的规划。反观我国，由于教师专业标准仅是对合格教师的要求，对教师的发展和指引更多地是依靠中小学教师职称定级，致使我国当前分阶层的教师专业发展政策较为薄弱。而且，我国自古以来的评价就以鉴定功能为主，导致当前很多学校仍采取奖惩式教师评价，即通过对教师工作表现的评价，做出解聘、晋升、调动、降级、加薪、减薪、增加奖金等决定。绩效工资制度实施后，奖惩式评价还与教师的工资收入挂钩，通过收入的增加与减少来体现对教师工作表现所

---

① 刘尧．发展性教师评价的理论与模式[J]．教育理论与实践，2001(12)：28-32.

下的结论。一些学校还将教师的评价与学生的考试成绩、获奖成绩等联系在一起，实施“优胜劣汰”“奖优罚劣”“末位淘汰”等等做法，都充分反映出我国奖惩式教师评价的盛行。

构建我国发展性教师评价体系，需要彻底改变我国教师评价的固有观念，把教师队伍建设的目标放在整体教师专业素养的提升，而非少数教师的突出发展上；关注教师的未来发展，而非当前的发展状态；以评价促进教师的专业成长，而不是对教师的表现下结论；帮助教师制定符合自身情况的长期生涯规划，而不是仅仅利用评价规划对教师做要求。最终，实现教师评价既是对教师专业发展和工作优劣做出判断的过程，也是充分调动教师工作积极性、创造性，促进教师不断自我完善，不断提高自我素质的过程。

第二章　深圳市教师[1]队伍现状分析[2]

第一节　深圳市中小学教师队伍基本情况

深圳自成为经济特区以来，社会发展取得了令世人瞩目的成果。深圳市为实现物质文明和精神文明的双丰收，也一直非常重视教育的发展。随着深圳市人口的不断增加，教育规模也在不断扩大。本节将从教师队伍的结构、工作条件、教师继续教育情况以及民办教师队伍发展等四个方面对深圳市中小学教师队伍的基本情况做分析，以便为新型教师专业素养的培养提供更准确的策略建议。

一、教师队伍的结构

教师队伍的结构可以从教师规模、年龄比例、学历达标状况、职称比例等方面进行综合分析。

(一) 各区教师规模

到 2017 年，深圳市有中小学教师 83395 人，其中小学教师 50805 人，初中教师 21780 人，高中教师 10810 人。其中，龙岗区和宝安区的教师人数最多，分别占总数的 23. 15%和 21. 93%，大鹏新区教师人数最少，仅有 1021 人，如表 2. 1 所示。

---

① 本章的“教师”全部指专任教师。

② 本章数据全部来源于广东省教育厅教育数据平台。

表 2.1　　深圳市各区中小学教师人数及百分比

	各区教师人数	深圳教师总数	所占比例
市辖区	3828	83395	4.59%
罗湖区	7083	83395	8.49%
福田区	8978	83395	10.77%
南山区	8870	83395	10.64%
宝安区	18290	83395	21.93%
龙岗区	19309	83395	23.15%
盐田区	1468	83395	1.76%
光明新区	3967	83395	4.76%
坪山新区	2927	83395	3.51%
龙华新区	7654	83395	9.18%
大鹏新区	1021	83395	1.22%

深圳市近五年来不断引进人才，逐步扩大教师队伍，小学教师数量上升迅速，初中和高中教师数量也有一定数量的增长，深圳市教师总数有较大程度的增长，如图 2.1 所示。

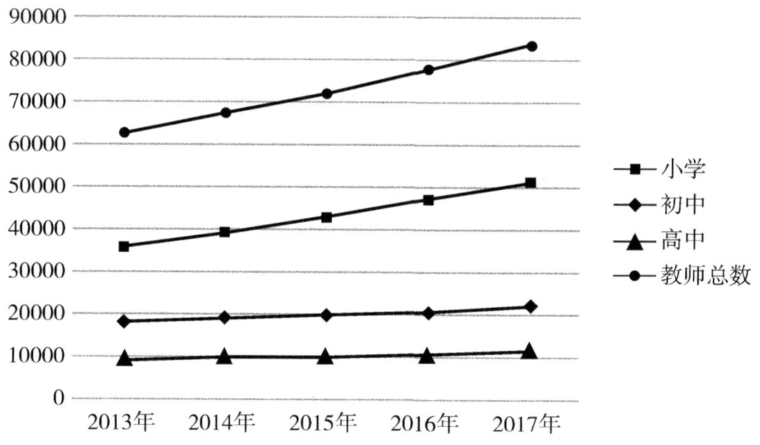

图 2.1　深圳市中小学教师数量变化折线图

从性别结构上看，小学女教师较多，约为男教师的 3 倍；初中男女教师数量差异较小，女教师为 13077 人，男教师为 8703 人；高中男女教师比最为均衡，女教师数为 5635，男教师数为 5175。

（二）教师年龄结构

从年龄结构上来看，深圳市教师队伍偏年轻化，小学教师近 6 成，初中教师近 5 成，高中教师接近 45%为 35 岁以下的年轻教师；而本应承担骨干作用的 35-45 岁教师在教师队伍中的比例则相对较低，如图 2.2 所示。这与深圳市本身就是一个年轻的城市密切相关，中小学教育随着城市的快速发展而成长，近年来随着学校的增加和学生人数的快速增加，深圳招聘了大量的毕业生加入教师队伍。但是，青年教师占到大多数，在一定程度上意味着教师队伍不够成熟，对教育质量的快速提升有一定的影响，而且在教师专业素养的培养上任务也会相对较重。

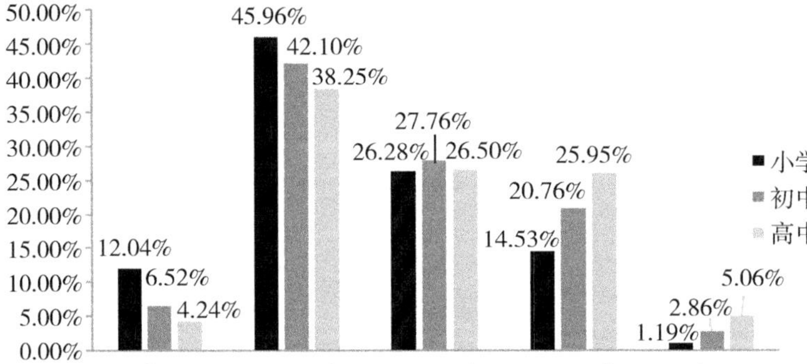

图 2.2 深圳市中小学教师年龄段分布

从深圳市各区的情况来看，宝安区和龙岗区 34 岁以下教师的比例均接近六成，这两个区 24 岁以下教师的比例也超过了 10%，两个区的新手教师较多；光明新区、坪山新区和龙华新区 34 岁以下教师也都超过了 60%，24 岁以下教师的比例均超过 10%；而南山区、福田区和大鹏新区 35 岁至 44 岁的教师占整体比例均超过 30%，富有经验的教师比例较高，如图 2.3 所示。从图 2.3 中我们也可以发现，深圳市辖区、罗湖区、福田区、南山区、盐田区的教师队伍相对其他区要更为成熟，教师年龄比例较为合理，深圳市教师队伍建设存在着一定的不平衡现象。

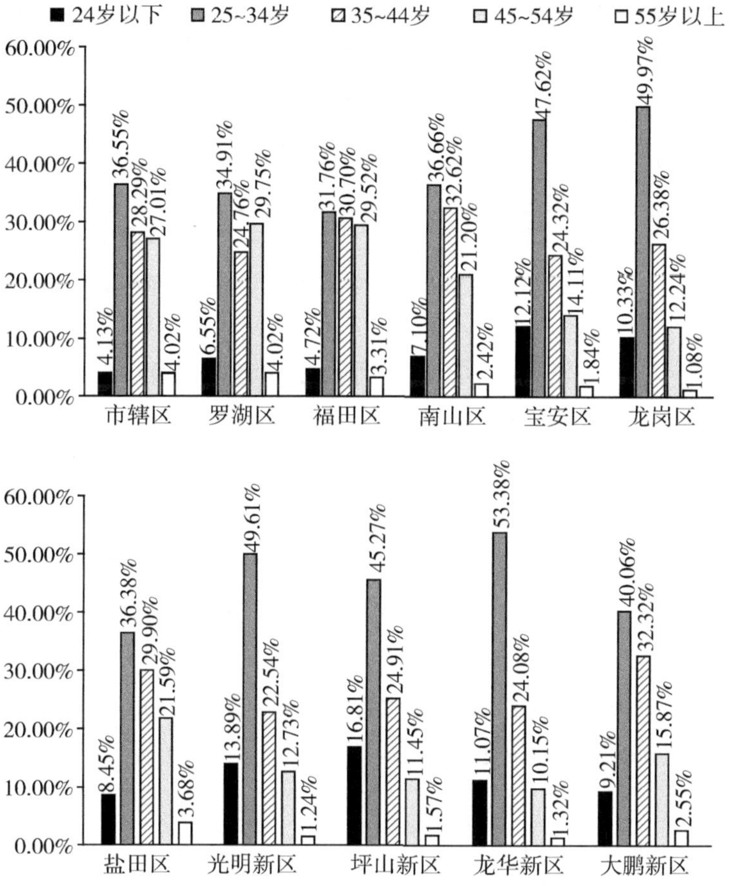

图 2.3　深圳市各区中小学教师年龄段分布

(三)教师学历结构

深圳市中小学教师的学历达标率为 99.90%，教师高于规定学历的比例情况较好，图 2.4 是 2017 年深圳市小学、初中和高中三个教学段高于规定学历教师占比情况。① 深圳市在20世纪80年代末就推进“小学教师大专化，中学教师本科化”，教师高一级学历占比非常高。

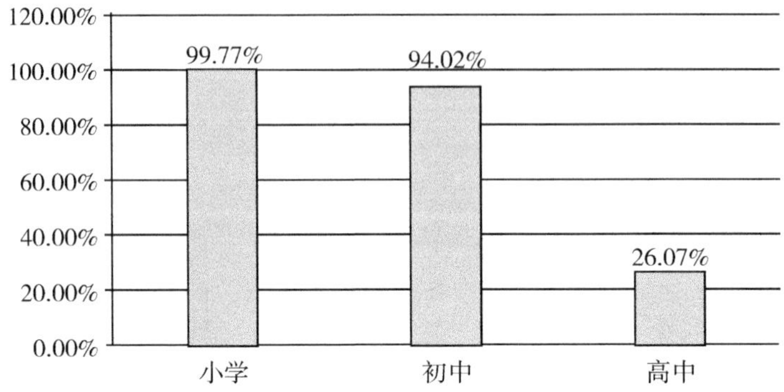

图 2.4　2017 年深圳市中小学高于规定学历教师占比图

其中，小学高于规定学历的教师占小学教师的99.77%，小学教师本科学历以上所占比例为78.61%，已赶超《深圳市中长期教育改革和发展纲要》中规定的2020年实现70%的目标。初中和高中教师研究生比例也分别达到了13.00%和26.07%，虽与《深圳市中长期教育改革和发展纲要》中20%和30%的目标仍有一段距离，但高学历教师在整个珠三角地区名列前茅，表2.2是2017年珠三角四市教师队伍高学历的比例情况。其中，深圳初中阶段教师研究生所占比例在四市中最高，且远远超过了其他三市，小学阶段研究生比例略高于其他三市，而高中阶段研究生所占比例也仅低于中山市。

① 规定学历比例即学历合格专任教师比例，是指某一级教育具有国家规定的最低学历要求的专任教师数占该级教育专任教师总数的百分比。《中国教育监测与评价统计指标体系》规定，取得小学教师资格，应当具备中等师范学校毕业及其以上学历；取得初级中学教师资格和初级职业学校文化、专业课教师资格，应当具备高等师范专科学校或者其他大学专科毕业及其以上学历；取得高级中学教师资格和中等专业学校、技工学校、职业高中文化课、专业课教师资格，应当具备高等师范院校本科或者其他大学本科毕业及其以上学历。专任教师高于规定学历按此要求类推。

表 2.2　**2017 年广州、深圳、佛山、中山中小学教师高学历比例情况**

单位:%

	小学阶段(本科)	初中阶段(研究生)	高中阶段(研究生)
广州市	70.74	6.53	16.72
深圳市	78.61	13.00	26.07
佛山市	78.27	6.5	22.51
中山市	72.89	9.99	31.10

深圳市小学、初中和高中三个教学段高于规定学历教师占比逐年上升，小学高于规定学历教师占比逐渐接近百分之百，初中和高中高于规定学历教师占比五年来持续上升，高中阶段高于规定学历教师比例还有很大上升空间，如图 2.5 所示。

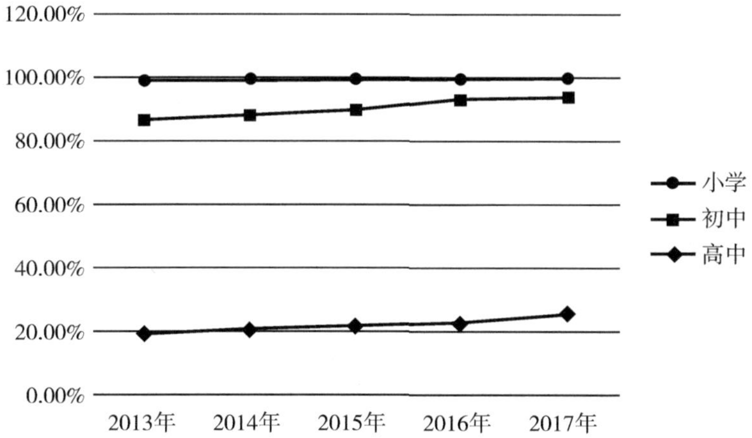

图 2.5　深圳市小学、初中和高中高于规定学历教师占比折线图

(四) 教师职称结构

从中小学教师的职称情况来看，未定职级教师占整体的比例达到 36.82%。其中，小学教师队伍中未定职级的教师比例占 44.37%，初中

未定职级的教师比例占29.39%，高中未定职级的教师比例占16.34%，如图2.6所示。说明深圳市的新教师比例较大，尤其是小学教师中，四成为新手教师。

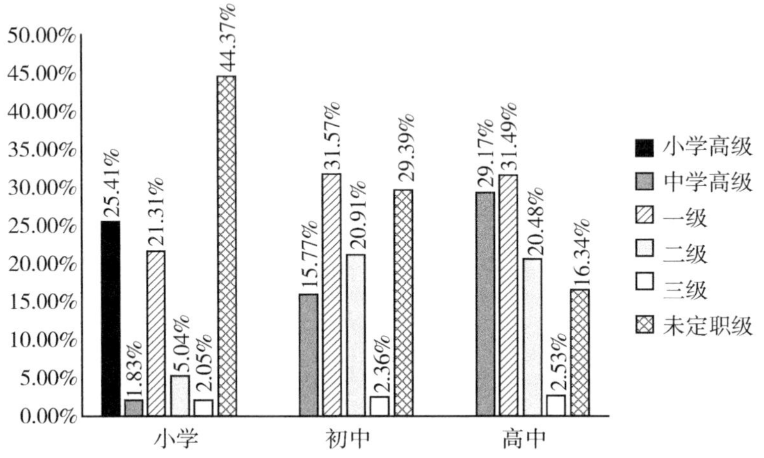

图2.6 2017年深圳市中小学教师职称情况占比图

从各区中小学教师各级职称所占的比例(图2.7)来看，龙华新区、光明新区、坪山新区、龙岗区和宝安区2017年未定职级的教师比例均超过了40%，而其他地区未定职级的教师比例也都超过了10%，龙华新区新手教师比例最高。福田区和罗湖区中学和小学高级教师所占比例分别达到42.57%和39.40%，成熟教师占教师总数约四成。与图2.3的分析结果一致，从职称比例也可以看出，深圳市老四区的教师队伍发展相对成熟。教师队伍的质量直接关系到教学质量的提升，教师队伍发展的不平衡必然会导致深圳市教学质量发展的不平衡。

二、教师工作条件

(一)中小学生师比状况

2017年深圳市中小学整体生师比为16.57∶1，小学生师比为18.98∶1，初中生师比为13.34∶1，高中生师比为11.76∶1。以2012年的数据为

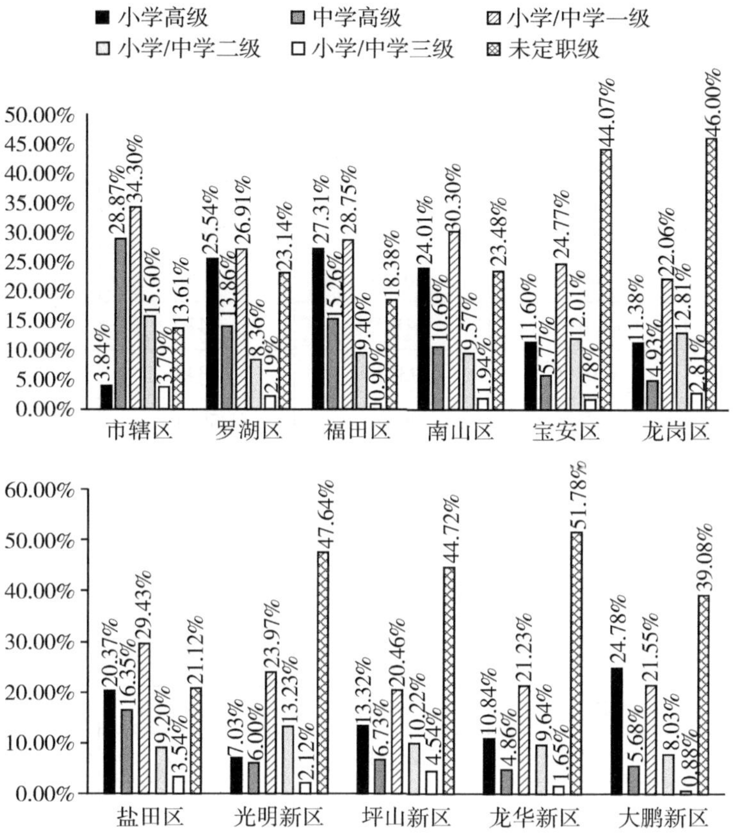

图 2.7　2017 年深圳市各区中小学教师职称情况占比图

例，上海小学和初中的生师比分别是 15.82∶1、12.29∶1；江苏的数据是 16.74∶1、10.81∶1；而北京更低，为 13.70∶1 和 9.83∶1。另外，与临近深圳的城市香港相比，2014 年香港公立中小学的生师比分别为 13.8∶1 以及 14.2∶1。与其他省份或城市相比，深圳教师数量仍然偏少，教师工作量较大，负担较重。虽然近几年深圳市扩大了小学教师的招收规模，但深圳市各区小学教师较为短缺，短期内仍然无法减轻小学教师的负担。而且，未来随着学生年龄的增长，小学生升入初中、高中，深圳市的教师短缺还可能延伸至初中和高中阶段。

可见，深圳市教师配备亟需从各区的实际出发，既要考虑教师教学负担，又要能满足各区的教学实际需要，实现教师数量上的均衡。

表 2.3 **2017 年深圳市各区小初高生师比**

	行政区	学生数	教师数	生师比
小学	市辖区	964510	50805	18.98 : 1
	罗湖区	6284	390	16.11 : 1
	福田区	80655	4410	18.29 : 1
	南山区	93631	5344	17.52 : 1
	宝安区	96576	5621	17.18 : 1
	龙岗区	241763	11641	20.77 : 1
	盐田区	224430	12312	18.23 : 1
	光明新区	12498	783	15.96 : 1
	坪山新区	49032	2509	19.54 : 1
	龙华新区	33242	1833	18.14 : 1
	大鹏新区	117406	5359	21.91 : 1
初中	市辖区	290542	21780	13.34 : 1
	罗湖区	13996	1070	13.08 : 1
	福田区	26518	1928	13.75 : 1
	南山区	29448	2407	12.23 : 1
	宝安区	30312	2397	12.65 : 1
	龙岗区	66863	4554	14.68 : 1
	盐田区	64955	5044	12.88 : 1
	光明新区	4632	416	11.13 : 1
	坪山新区	13217	952	13.88 : 1
	龙华新区	9233	756	12.21 : 1
	大鹏新区	27659	1881	14.70 : 1

续表

	行政区	学生数	教师数	生师比
高中	市辖区	127099	10810	11.76：1
	罗湖区	27779	2368	11.73：1
	福田区	8419	745	11.30：1
	南山区	14254	1227	11.62：1
	宝安区	9622	852	11.29：1
	龙岗区	25810	2095	12.32：1
	盐田区	23091	1953	11.82：1
	光明新区	2958	269	11.00：1
	坪山新区	6203	506	12.26：1
	龙华新区	4132	338	12.22：1
	大鹏新区	4630	414	11.18：1

深圳市小学生师比下降较为迅速，但生师比在三个教学段中仍然最高，教师教学负担依然最大，初中阶段生师比五年来缓慢下降，高中阶段生师比 2015 年略有浮动，但五年来整体趋势为下降，且高中阶段生师比一直保持最低，如图 2.8 所示。

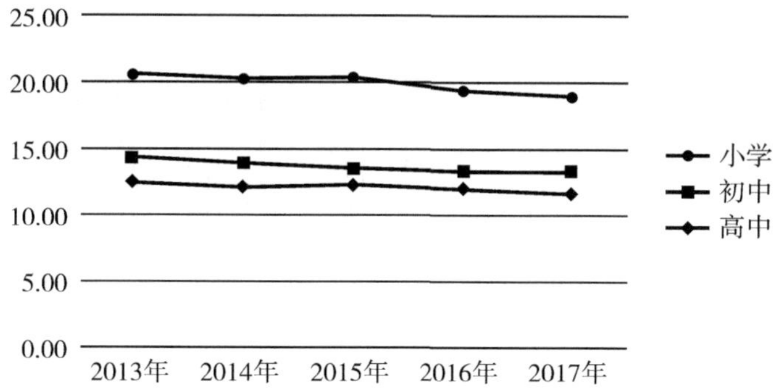

图 2.8　深圳市小学、初中和高中生师比折线图

(二)中小学班师比状况

2017年，深圳市中小学教师负责的教学班级平均约为2.89个，其中小学为2.58个，初中为3.46个，高中为3.77个。而以临近广东的几个地区为例，台湾近年着手改善教师编制，小学的班师比为1∶1.7；而初中和高中的班师比，分别是1∶2及1∶2.5。香港为保证教师工作的有效性，规定小学班师比为1∶1.4，初中班师比为1∶1.7，而高中班师比为1∶2.0。澳门小学和中学的班师比，维持在1∶2和1∶2.5。由班师比的数据可以看出，深圳教师的工作量比周边地区的台湾、香港和澳门都要重，工作环境亟待改善。

图2.9显示了深圳市中小学教师负责的教学班级的情况。小学阶段宝安区教师负责的教学班级数最低，为2.42个，大鹏新区教师负责的教学班级数最高，达2.91个；中学阶段宝安区教师负责的教学班级数最低，为3.26个，盐田区教师负责的教学班级数最高，达3.82个；高中阶段教师负责班级数最低的区为盐田区，大鹏新区教师负责的班级数超过了7个。数据表明，深圳市教师的工作负担较重，长此以往，将对教师队伍的稳定性以及教师的幸福感产生负面影响。

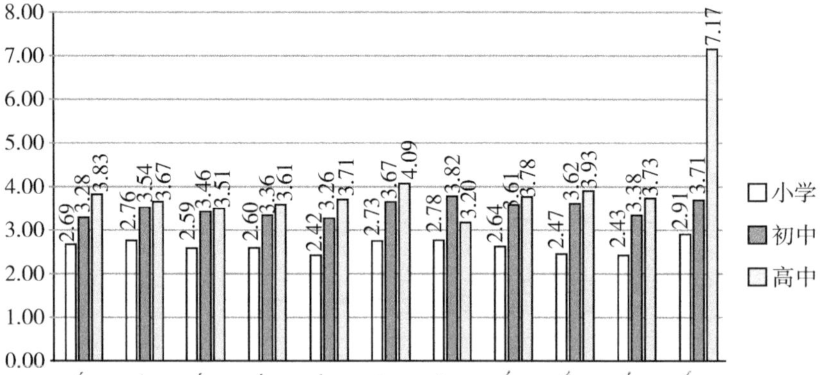

图2.9 深圳市各区中小学教师负责班级数量

(三)中小学班额状况

2017年，深圳市中小学平均班额约为48人，其中小学为49人，初中为46人，高中为44人。表2.4是2017年珠三角四市中小学平均班额的情况。其中，深圳市平均班额在四市中最高，可见珠三角中深圳的中小学教师负担最重，压力最大。

表2.4　**2017年广州、深圳、佛山、中山中小学平均班额情况**

单位：人

	平均班额
广州市	41.41
深圳市	47.94
佛山市	45.33
中山市	47.29

图2.10显示了深圳市小初高班额占比情况。小学、初中和高中班额占比最大的区域为46~55人，高中班额在25人以下的比例约为小学和初中的三倍；小学56~65人的班额占比近13%，约为初中和高中的两倍和四倍，66人以上的超级大班也是小学占比最高，小学56人以上的大额班级占13.52%。可见深圳市小学的班额在三个阶段中最大，小学教师的教学负担最重，高中班额数量占比较为合理。

深圳市小学阶段50人以上班额占比最高，并且2015年以前持续上升，而2015年之后占比开始呈现下降趋势。初中阶段50人以上班额在三个阶段中最低，并且2013—2016年持续下降，但2017年突然上升，超过高中阶段占比。高中阶段五年来50人以上大班额占比逐年下降。总的来说，深圳市大班额控制的工作仍需巩固。

三、教师继续教育情况

以2017年的数据(表2.5)为例，深圳市各区教师培训人次数不均

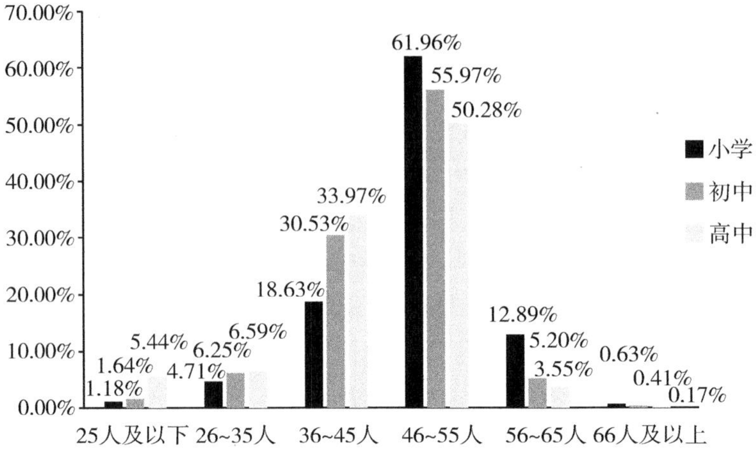

图 2.10 深圳市小初高班额占比情况

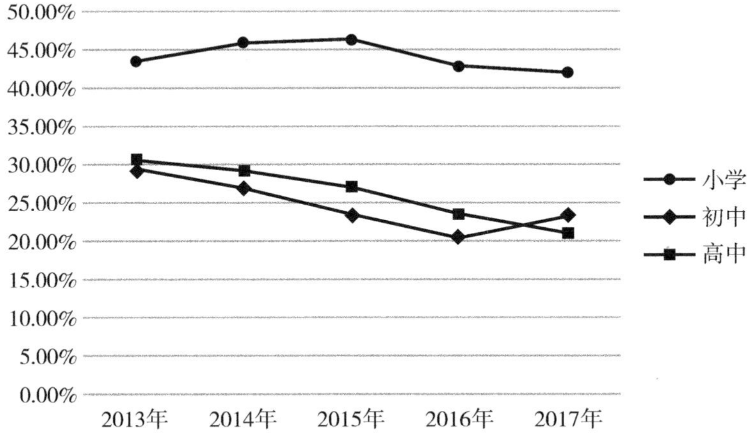

图 2.11 深圳市小学、初中和高中 50 人以上班额占比折线图

衡。罗湖区和福田区小学教师参训数量最高，人均培训次数分别达到 26.68 和 19.59，龙华新区和坪山新区最低，人均培训次数分别为 4.41 和 4.99；罗湖区初中教师参训数量最高，为 25.04 次，市辖区最低，仅有 1.79 次；光明新区高中教师参训次数远高于其他区，人均培训次数为 49.76，福田区人均培训次数为 28.96。

表 2.5　　**2017 年深圳市各区小初高教师参加培训人次**

	行政区	教师数	培训人次数	人均培训次数
小学	市辖区	390	3823	9.80
	罗湖区	4410	117661	26.68
	福田区	5344	104679	19.59
	南山区	5621	59286	10.55
	宝安区	11641	143227	12.30
	龙岗区	12312	122197	9.93
	盐田区	783	9301	11.88
	光明新区	2509	22090	8.80
	坪山新区	1833	9140	4.99
	龙华新区	5359	23635	4.41
	大鹏新区	603	6108	10.13
初中	市辖区	1070	1919	1.79
	罗湖区	1928	48276	25.04
	福田区	2407	23870	9.92
	南山区	2397	34039	14.20
	宝安区	4554	41679	9.15
	龙岗区	5044	44333	8.79
	盐田区	416	3664	8.81
	光明新区	952	13715	14.41
	坪山新区	756	4773	6.31
	龙华新区	1881	8120	4.32
	大鹏新区	375	1779	4.74

续表

	行政区	教师数	培训人次数	人均培训次数
高中	市辖区	2368	5355	2.26
	罗湖区	745	21575	28.96
	福田区	1227	13224	10.78
	南山区	852	8140	9.55
	宝安区	2095	14606	6.97
	龙岗区	1953	6463	3.31
	盐田区	269	2030	7.55
	光明新区	506	25178	49.76
	坪山新区	338	2503	7.41
	龙华新区	414	1668	4.03
	大鹏新区	43	44	1.02

从参加培训的级别来看，罗湖区最为重视教师的培训，不但组织了大量的区级培训，还积极选派教师参加国家、省和市级的培训，人均培训次数也是最高的；福田区重视校级培训，教师参加校级培训的平均次数达到9.15；光明新区非常重视市级的培训，教师参加市级与校级培训次数相当；龙岗区非常重视区一级的培训，教师参加区和校级培训的次数相当，如图2.12所示。从图2.12中我们也可以看出，深圳市的市级教师培训分配不够均衡，光明新区和罗湖区教师获得市级培训的几率较大；而区一级的教师培训也存在不平衡的现象，龙岗区区一级的教师专业发展活动较为活跃。

深圳市小学、初中和高中教师人均接受培训次数均有不同程度的增长，总体呈现持续上涨趋势，小学阶段增长迅速，领先于初中和高中，高中阶段2015年前增长缓慢，2015年后增长迅速，如图2.13所示。

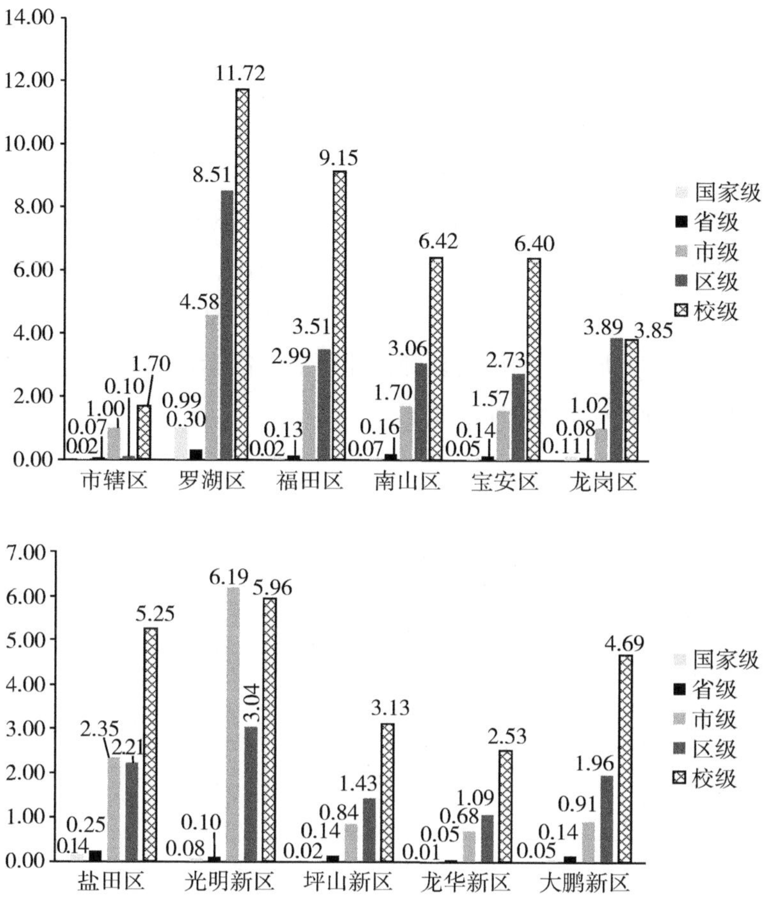

图 2.12　2017 年深圳市各区教师参加不同级别培训情况图

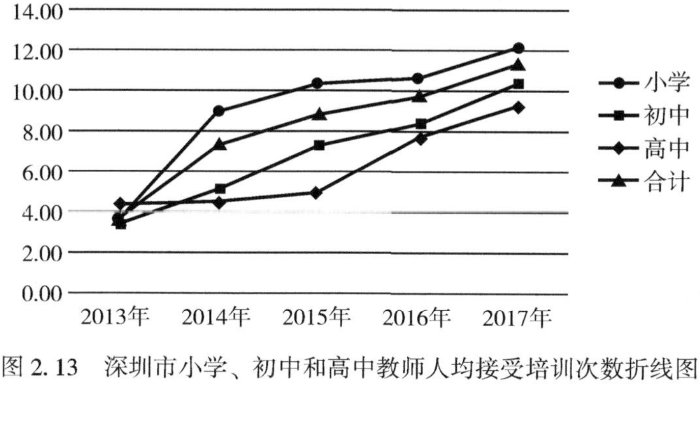

图 2.13　深圳市小学、初中和高中教师人均接受培训次数折线图

四、民办教师队伍发展状况

近年来，深圳市针对中小学教师队伍中民办教育教师队伍较薄弱的情况，加强了民办教师队伍发展的监管工作，但总体而言，民办教师队伍的专业发展仍需要给予长期的关注。图2.14为民办教师队伍研究生学历教师所占百分比的比较图，从图中可以看出，高中民办教师具备研究生学历的比例较高，也较为接近公办学校所占百分比，但小学和初中阶段民办学校中研究生学历的教师占比很低，高学历教师占比偏低直接影响了民办教师队伍的整体素质水平。

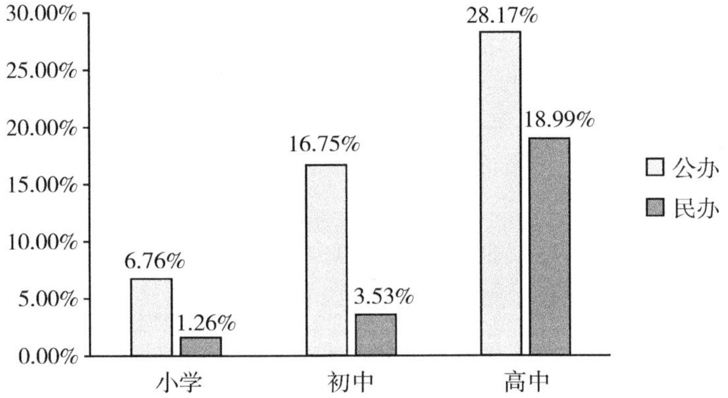

图2.14 2017年民办教师研究生学历占比图

高中阶段民办教师研究生学历占比最大，且增长迅猛，2017年高中阶段研究生学历教师占比约为19%，小学和初中阶段研究生学历教师占比也持续增长，小学阶段研究生学历教师占比最低，且增长较为缓慢，如图2.15所示。

同时，深圳民办教师队伍的高职称比例也偏低，小学和初中阶段拥有高级(包括小学高级和中学高级)以上职称的教师远远低于公办教师队伍，如图2.16所示。其中小学民办教师队伍中拥有小学高级职称的比例仅为4.39%，初中民办教师队伍中拥有中学高级职称的比例仅为2.65%，都远远低于相应的公办教师队伍。

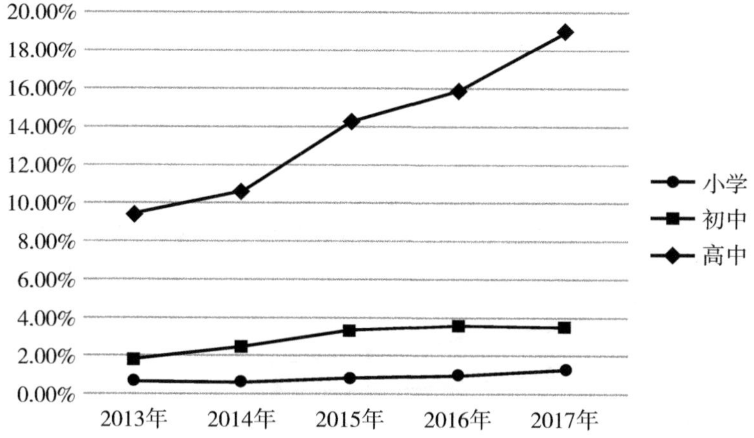

图 2. 15　民办教师研究生学历占比折线图

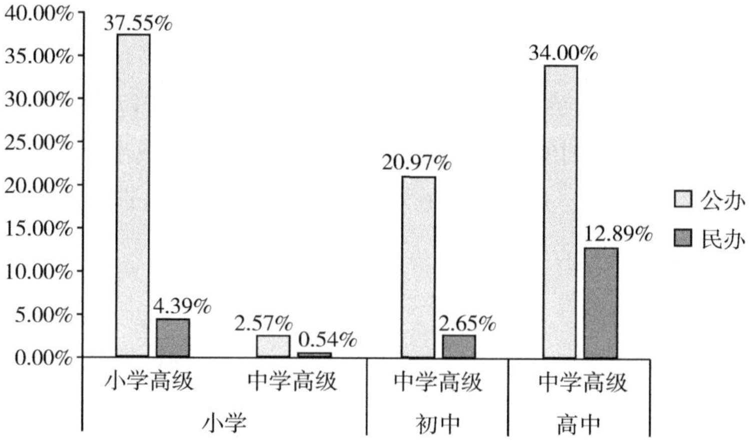

图 2. 16　2017 年公民办教师队伍高级职称所占比例的情况

从图 2. 17 可以看出，近五年来民办学校拥有高级职称的教师所占比例大大下降，高中拥有中学高级教师职称的教师比例下降最多，一方面是由于民办学校中高级职称教师的流失，另一方面是近五年来，深圳市不断扩大教师队伍，青年教师逐渐增多。

深圳市教育局为提高民办中小学教师素质，提升民办中小学教师的专业发展能力和职业道德素养，推进民办中小学优质特色发展，2014

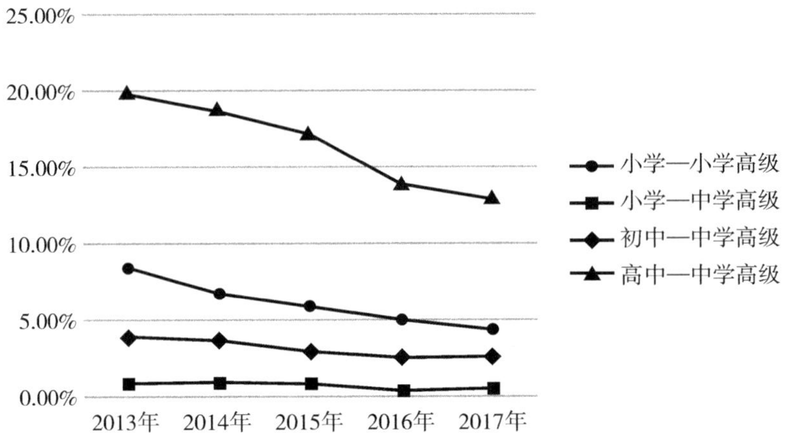

图 2.17 民办教师职称占比折线图

年 12 月 12 日，印发了《深圳市民办中小学教师继续教育实施办法》，每年投入 3000 万专项经费免费培训中小学民办教师。2017 年，民办教师队伍在接受专业培训的次数上与公办教师的差距逐渐减小，人均参加国家级培训的次数比公办教师高 0.18，人均参加校级培训的次数比公办教师低 2.42，如图 2.18 所示。

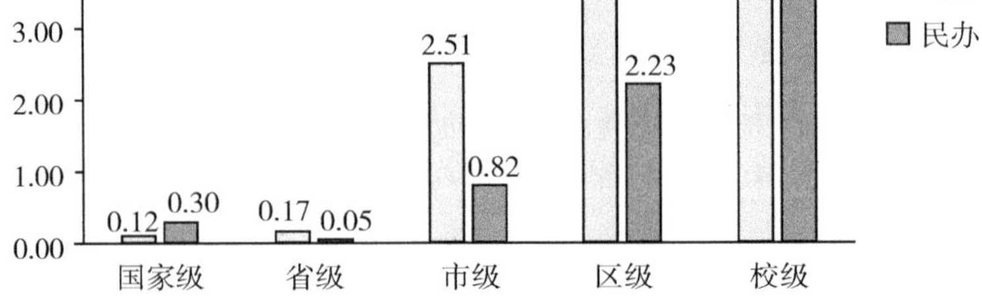

图 2.18 2017 年公民办教师队伍参加各级培训人均次数的情况

深圳市近年来不断加强民办中小学教师培训，提高民办中小学教师素质、专业发展能力和职业道德素养，如图 2. 19 所示，近五年来民办教师接受各级培训人均次数均有不同程度的增长，接受校级培训人均次数最高且增长迅速，区级和市级次之，国家级和省级培训增长则相对缓慢。

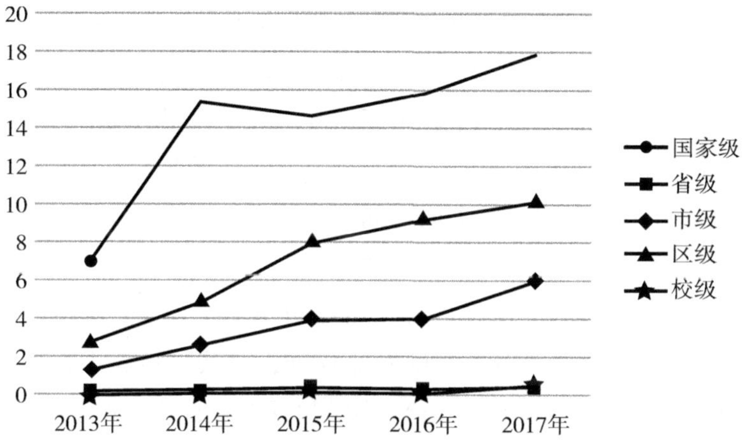

图 2. 19 民办教师队伍参加各级培训人均次数折线图

第二节 深圳市教师队伍专业素养现状分析

为深入了解深圳市教师队伍的发展现状，我们对深圳市教师的专业基本素养展开实证研究，通过问卷调查的方式了解深圳市教师的专业素养现状。

一、实证研究前期准备

（一）我国教师专业标准概述

改革开放后，我国加强了教师队伍的建设，但直到 1995 年才基本解决了教师数量较少，生师比偏大的问题。1995 年后，随着高等教育进入大众化，大学毕业生越来越多，我国逐渐将重心转移到了教师队伍质量的建设上。同时，20 世纪 80 年代以后，美国、英国、澳大利亚、日本等许多国家陆续颁布了一系列的中小学教师标准，形成了相对成熟的教师专业标准体系。2008 年，我国启动了教师专业标准的研制工作，教育部委托北京师范大学、华东师范大学等 9 所师范大学和中央教科所着手研究教师标准，并与世界银行合作开展“中国教师教育标准体系研究项目”，进行教师标准的前期研究，包括现状调查和国际比较研究。2010 年国家规划纲要发布，对教师队伍提出了五点要求：第一，要建设高素质的教师队伍；第二，加强师德建设；第三，提高教师业务水平；第四，提高教师待遇水平；第五，健全教师管理制度。与这些要求相适应的，就是制定教师标准，只有有了具体的标准，高素质教师队伍的建设才有了具体的目标和方向。同年，教育部加快了教师专业标准的研制工作，委托北京师范大学和东北师范大学分别牵头组成课题组，开展文本研制等相关工作，形成了标准的初步文稿。经过广泛的意见征集和讨论，2012 年我国颁布了教师专业标准，总共包括 3 个标准，分别是《幼儿园教师专业标准(试行)》《小学教师专业标准(试行)》以及《中学教师专业标准(试行)》，为教师职前职后发展提供了目标参照，使中小学教师的准入、考核与评价都有了依据，进一步推动了我国教师队伍的专业化发展。

1. 我国中小学教师标准制定的原则

我国中小学教师标准在制定之时，就定立了以师德为先、学生为本、能力为重、终身学习等为基本理念的原则。

“师德为先”要求教师履行职业道德规范，增强教书育人的责任感和使命感，践行社会主义核心价值体系。教师作为育人者，不仅应达到中国传统教育中“为人师表”的要求，还应具备当代教育发展的理念，以学生为主体，促进学生快乐健康地成长。中小学教师标准对师德的要求具体体现在对待职业、对待学生和对待自己三个方面。如对待职业方面，要求教师贯彻党和国家教育方针政策，理解小学教育工作的意义，热爱教育事业；对待学生方面，要求关爱学生、尊重学生、信任学生、不体罚学生、平等对待每一个学生；在对待自己上，则要求为人师表，具有良好的道德修养，富有爱心，具有亲和力，善于调节自我情绪，举止文明礼貌等。

“学生为本”强调学生的主体地位，要求教师以学生的身心发展规律为基础，因材施教，为学生提供适宜的教育，促进每个学生生动、活泼地发展。具体表现为尊重学生、遵循学生的发展规律、促进学生发展三方面。如尊重学生方面，要求教师保护学生的安全，重视学生身心健康，维护学生的合法公益；遵循学生的发展规律方面，要求教师具备一定的教育学和心理学知识，尤其是所在教学段学生生理和心理发展的规律和特点等；促进学生发展方面，要求教师能引导学生主动快乐地学习，为学生营造宽松自由的发展空间，有利于他们创新性思维的发展。

“能力为重”要求教师把学科知识、教育理论与教育实践相结合，不断研究，改善教育教学工作，提升专业能力，具体表现为教学实践、教学组织与管理和专业发展等三方面的能力。教学工作是实践性很强的专业工作，教学实践能力要求掌握多种教学方法开展有效教学，能合理解决突发事件，能将信息技术融合到教学当中；教学组织与管理能力要求除了能科学设计教学过程并予以实施外，还应具备开展德育活动、促进学生身心发展的教育活动的能力，并且能有效管理班级、共青团和少先队活动；专业发展指的是教师不断通过实践—反思—再实践—再反思，提升专业能力，增长教育智慧，如主动收集分析相关信息，改进教育教学工作，对工作中遇到的需要与问题进行探索和研究。

“终身学习”是当代社会的重要特征，也是教师必须具备的能力之一。教师不仅要“育人”还要“育己”，只有当教师不断完善自己时，才能更好地促进学生不断完善。因此中小教师标准强调教师要学习先进理论，提高文化素养，形成终身学习的习惯。除了应掌握所教学科的知识外，还应具备丰富的跨学科知识，通过不断的学习，吸纳新的研究成果，更新自身的知识体系，提升教育智慧。

2. 我国中小学教师标准的架构

我国中小学教师专业标准是基于教师职业是一个专业性职业、教师是专业人员的基本理念而制定的专业标准，是对教师作为一个专业人员的素质的基本规定和基本要求。三个标准都包含维度、领域和基本要求三个层次，维度有专业理念与师德、专业知识和专业能力，各个维度下确立若干个领域，在每个领域之下，又提出若干个基本要求。其中，小学教师专业标准有 3 个维度，13 个领域，60 项基本要求；而中学教师专业标准则是 3 个维度，14 个领域，63 项基本要求。表 2.6 为我国中小学教师专业标准各领域比较表。

表 2.6 **我国中小学教师专业标准领域对照表**

维度	小学	中学
专业理念与师德	职业理解与认识	职业理解与认识
	对小学生的态度与行为	对学生的态度与行为
	教育教学的态度与行为	教育教学的态度与行为
	个人修养与行为	个人修养与行为
专业知识	小学生发展知识	教育知识
	学科知识	学科知识
	教育教学知识	学科教学知识
	通识性知识	通识性知识
专业能力	教育教学设计	教学设计
	组织与实施	教学实施
	激励与评价	班级管理与教育活动
	沟通与合作	教育教学评价
	反思与发展	沟通与合作
		反思与发展

3. 中小学教师专业标准的特点

分析中小学教师专业标准的具体要求，我们可以发现当中的几大特点：

（1）强调教师要承担保护学生生命安全的责任。小学教师标准要求教师把小学生生命安全放在首位；了解小学生安全防护的知识，掌握针对小学生可能出现的各种侵犯与伤害行为的预防与应对方法；能妥善应对突发事件。中学教师标准也要求教师保护中学生的生命安全，能妥善应对突发事件。这一要求不仅是针对我国近年来多发的校园暴力和安全事件而设立，同时也与国际社会关注校园安全的趋势是一致的。当今世界，许多国家为保障校园安全，都为职前职后的教师专门开设了如何防范校园暴力、解决校园安全危机的课程和讲座。中小学教师标准提出这一要求，也意味着各级教育行政部门和学校自身都要加强教师相关方面知识和技能的学习。

（2）强调教师应具备培养学生学会学习的能力。小学教师标准中提到"引导小学生学会学习，养成良好学习习惯"，"引导小学生进行积极的自我评价"；中学教师标准也要求教师"信任中学生，积极创造条件，促进中学生的自主发展"，"引导中学生自主学习、自强自立，培养良好的思维习惯和适应社会的能力"，"引导学生进行自我评价"。"学会学习"已成为当代教育中最重要的任务，国际 21 世纪教育委员会于 1996 年向联合国教科文组织提交的《教育——财富蕴藏其中》中指出 21 世纪教育的四大支柱是学会认知、学会做事、学会共处和学会做人，其中"学会认知"指的就是使学生学会如何学习。在"学会学习"已成为当代教育共识的大环境下，中小学教师标准更把学会学习引申到了引导学生开展自我评价的层面上，使学会学习、自主学习的内涵更加丰富和完整，也为教师能实现培养学生学会学习的目标指明了方向。

（3）强调教师要树立德育为先的教育理念。除了强调教师自身的师德之外，中小学教师标准的另一个亮点在于，突出教师应注重学生的全面发展，树立育人先育德的教育理念。小学教师标准中要求教师"树立育人为本、德育为先的理念，将小学生的知识学习、能力发展与品德养成相结合，重视小学生全面发展"；"掌握小学生品行养成的特点和规律"；"鉴别小学生行为和思想动向，用科学的方法防止和有效矫正不良行为”等。中学教师标准则要求教师“树立育人为本、德育为先的理念，将中学生的知识学习、能力发展与品德养成相结合，重视中学生的全面发展”；“了解中学生世界观、人生观、价值观形成的过程及其教育方法”；“根据中学生世界观、人生观、价值观形成的特点，有针对性地组织开展德育活动”。我国自古以来就强调“德”的重要性，“仁、义、礼、智、信”为儒家“五常”，其中“仁”“义”“礼”指的都是人的道德。当前，我国教育在部分地区存在着“重智轻德”的现象，《中共中央国务院关于进一步加强和改进未成年人思想道德建设的若干意见》中就指出：要切实改变重智轻德的思想，要提高认识，在指导思想上重视德育的地位。教师树立德育为先的思想和理念，是抓德育的关键一环。

（二）教师队伍专业素养指标的选取

对深圳市中小学教师专业素养现状开展调查研究，以国家于2012年颁布的《小学教师专业标准（试行）》和《中学教师专业标准（试行）》为基础，进行问卷设计。我国《小学教师专业标准（试行）》和《中学教师专业标准（试行）》都包括维度、领域和基本要求三块内容，是我国对中小学教师的合格标准。采用这两个标准作为问卷的基础，既能体现国家对教师的要求，又具有很强的公认力。

《小学教师专业标准（试行）》包括13个领域共60项要求，《中学教师专业标准（试行）》则包括14个领域共63项要求。在设计问卷时，考虑到问卷的容量以及内容的代表性，我们将两个标准的内容进行合并、归纳和总结，尽量在同一份问卷中能对小学和中学两个不同学段的教师专业素养进行调查研究。两个标准的共同点体现在专业理念与师德上，在表述上分别对应于不同的学段；而区别则体现在专业知识和专业能力上，因两个学段学生的特点不同，对教师的要求也存在很多不同。通过分析国内外教师标准和研究者的研究成果，我们将专业知识区分为本体性知识、条件性知识以及通识性知识三个部分，其中本体性知识包括学科内容、课程内容和教学法知识，条件性知识则包括教育经验性知识、情景性知识、有关学生的知识。这三类知识与中小学教师标准的对应情况如表2.7所示。

表2.7　　问卷维度与中小学教师标准教学知识维度对应表

维度	中小学教师标准教学知识维度
本体性知识	教育知识、学科知识
条件性知识	学科教学知识
通识性知识	通识性知识

考虑到教师在教学和工作中能力表现的连续性和不可分割性，研究把原标准里专业能力中的教学实施、班级管理与教育活动和教育教学评价整合为组织实施能力。国家专业标准当中还有一些要求是教师必需的知识和能力，并在教师资格证考核、教师入职前考核或年度考核中得到认可，如"贯彻党和国家教育方针政策，遵守教育法律法规""掌握教育教学的基本理论""掌握学生的认知规律和教育心理学的基本原理和方法""了解中国教育基本情况""较好使用口头语言、肢体语言与书面语言，使用普通话教学，规范书写钢笔字、粉笔字、毛笔字"等；一些知识和能力在实践中可视为同样的表现，如信息技术的知识和应用信息技术的能力综合到组织实践能力中进行考察；还有一些能力是教师的日常工作的一部分，如"了解所教学科与社会实践及共青团、少先队活动的联系"，这些要求都不在问卷的框架设计中予以具体体现。最后形成了深圳市教师专业素养现状调查框架结构，如表2.8所示。备注中"小学"和"中学"一栏的数字分别对应于《小学教师专业标准(试行)》和《中学教师专业标准(试行)》的相应要求。

问卷题目的设计和提问对应于框架，考虑到部分具体内容具有关联性，在前期设计时对两个问题进行了合并，如将本体性知识第十三条"熟悉所教学科的课程标准，熟练掌握其基本内容"与教学设计能力第十七条"具有根据教学目标、学习风格以及现有资源进行教学设计的能力"合并到一个问题中进行考察。

表 2.8 深圳市中小学教师专业素养现状调查框架结构

<table>
<tr><td>信息</td><td colspan="4">性别、教龄、学段、学历</td></tr>
<tr><td rowspan="2">维度</td><td rowspan="2">领域</td><td rowspan="2">具体内容</td><td colspan="2">备注</td></tr>
<tr><td>小学</td><td>中学</td></tr>
<tr><td rowspan="11">专业理念与师德</td><td rowspan="3">职业理解与认识</td><td>1. 热爱教师职业,具有职业理想和敬业精神</td><td>2</td><td>2</td></tr>
<tr><td>2. 认同教师工作的专业性,注重专业发展</td><td>3</td><td>3</td></tr>
<tr><td>3. 具有团队合作精神,擅长与人合作</td><td>5</td><td>5</td></tr>
<tr><td rowspan="2">对学生的态度与行为</td><td>4. 尊重小学生独立人格,尊重个体差异,平等地对待每一个孩子</td><td>6、7、8、11、</td><td>7、8、11</td></tr>
<tr><td>5. 积极创造条件,让学生拥有独立发展、快乐学习的学校环境</td><td>9</td><td>9</td></tr>
<tr><td rowspan="4">对教育教学的态度与行为</td><td>6. 以学生为中心,关爱学生,注重学生的全面发展</td><td>10、40</td><td>6、10、47、51</td></tr>
<tr><td>7. 赏识鼓励学生创新思维和创新能力的培养和提升</td><td>12</td><td>12、44</td></tr>
<tr><td>8. 以德育为教育的基础,注重学生良好品行的培养</td><td>10、30、48</td><td>10、23、48、49</td></tr>
<tr><td>9. 言行举止文明礼貌,维护职业形象</td><td>4、15、19</td><td>4、15、19</td></tr>
<tr><td rowspan="2">个人修养与行为</td><td>10. 具有良好的心态,具有控制和调节情绪的能力</td><td>16、17</td><td>16、17</td></tr>
<tr><td>11. 坚持终身学习的理念,不断提高专业素养</td><td>18</td><td>18</td></tr>
<tr><td rowspan="5">专业知识</td><td rowspan="3">本体性知识</td><td>12. 熟悉所教学科的基本概念、原理以及体系结构</td><td>27</td><td>26、27</td></tr>
<tr><td>13. 熟悉所教学科的课程标准,熟练掌握其基本内容</td><td>32</td><td>30</td></tr>
<tr><td>14. 熟悉所教学科的学习方法,能引导学生学会学习</td><td>13</td><td>13、40、44</td></tr>
<tr><td>条件性知识</td><td>15. 掌握班级、少先队或共青团建设与管理的策略与方法</td><td>14、39、44、48</td><td>14、21、29、25、45、50、52</td></tr>
<tr><td>通识性知识</td><td>16. 具备相应的自然科学和人文社会科学知识</td><td>33、35</td><td>28、34、36</td></tr>
</table>

续表

信息	性别、教龄、学段、学历			
维度	领域	具体内容	备注	
			小学	中学
专业能力	教学设计能力	17. 具有根据教学目标、学习风格以及现有资源进行教学设计的能力	37、38	31、38、39、
		18. 能及时反馈学生,并具有根据反馈信息调节教学进度、方式以及内容等的能力	50、52	54
	组织实践能力	19. 掌握学生身心发展的特点,因材施教	21、49	8、11、33
		20. 能够有效激发学生学习兴趣,具备组织和实施课堂教学活动的能力	41、42、53	41、43
		21. 具备在教学中融合信息技术改善教学环境,促进教学效果的能力	36、45	37、46
		22. 注重学生自我评价能力的培养	51	55
		23. 具备灵活运用启发式、探究式、讨论式、参与式等教学方式的能力	43	42
		24. 在学校日常学习和工作中,有应对各种突发事件的能力	47	53
	协作沟通能力	25. 能够通过多种途径与同事、学生、家长等展开积极有效的沟通交流的能力	54、55、56	57、58、59、60、
	专业成长	26. 掌握在教学实践中发现问题、分析问题、解决问题的能力,主动进行反思,改进教育教学工作	58、59	56、61、62
		27. 能够明确职业发展的方向,根据实际情况做出合理规划	60	63

问卷初稿共 26 题，问卷框架与问卷问题的对应情况如表 2.9 所示。

表 2.9　深圳市中小学教师专业素养现状调查框架与问卷问题对应表

框架内容	问卷问题	框架内容	问卷问题	框架内容	问卷问题
1	1	10	10	19	14
2	3	11	11	20	19
3	4	12	12	21	18
4	5	13	13	22	22
5	8	14	21	23	20
6	7	15	15	24	23
7	9	16	16	25	24
8	6	17	13	26	25
9	2	18	17	27	26

(三)问卷的形成、发放及分析方法

问卷初稿形成后，我们邀请了包括深圳市中小学教师在内的 15 名教育专家和教师共同参与问卷的试测。问卷试测的目的是，发现问卷的缺点，包括问卷回收率、填写错误、填答不全等信息，从而帮助重新评估问卷的恰当性。例如问题内容是否必要，问题类型是否恰当，语言描述是否清晰易懂，题目排列次序是否符合逻辑等。问卷试测后，我们对问卷的前言内容、部分题目的表达方式等进行了修正，最后形成了正式问卷。

考虑到教师分布范围广，问卷回答需时并不长，我们采用问卷星平台(www. sojump. com)发放问卷。参与调查的教师可以采用“扫描二维码”和“点击超级链接”两种方式在电脑、手机、平板电脑等设备上直接回答问卷。

二、实证研究概况

本研究选取深圳市中小学教师为研究对象，进行问卷调查。调查涵盖了深圳市各区的大部分学校，具有一定的代表性。本次共回收问卷 512 份，删除答题时间过短(少于 40 秒)的无效问卷，最终得到有效问卷 486 份，回收问卷有效率为 94. 92%。

(一)问卷情况

在本问卷中，除基本信息外，其余题目的答题形式均采用 Likert 五

点计分法，形成量表。量表包括 3 个分量表，即上文中提到的三个维度。量表分值设置为 1=非常不赞同，2=不太赞同，3=不确定，4=比较赞同，5=非常赞同。条目评分越高，表示赞同程度越高，分量表均值为该维度的自我知觉水平，分量表均分最高为 5，最低为 1。

为了检验本次调查问卷的可信性，笔者在利用 SPSS23.0 进行统计与分析前，根据收集到的调查数据利用信度分析方法对除基本信息外的全部数据进行内在信度分析。内在信度分析用于检验问卷中一组问题(或整个调查表)之间是否存在内在的一致性。① 考察内部信度一般采用 Alpha 系数法，内部一致性 Alpha 系数所取得的信度系数值范围应该在 0~1 之间，数值越高，说明信度越高；通常信度系数在 0.8 以上，就可以认为内在一致性很高，基本不需要修改；信度系数低于 0.8，表明有些项目需要做一些修改。经过检验，本研究所使用的量表 Alpha 系数为 0.989(如表 2.10 所示)，说明本问卷的信度非常高。

表 2.10　**问卷可靠性统计**

Cronbach's Alpha	基于标准化项的 Cronbachs Alpha	项数
0.989	0.989	26

为了获得良好的调查效果，所使用的问卷或量表必须具有高效度和高信度。信度是基础，效度是目的。问卷调查中做效度分析，也就是做“因子分析”。因子分析的基本目的就是用少数几个因子去描述许多指标或因素之间的联系，即将相关比较密切的几个变量归在同一类中，每一类变量就成为一个因子，以较少的几个因子反映原有资料的大部分信息。在实际问题研究中，为了全面、系统地分析问题，我们必须考虑众多影响因素。通常，KMO 是效度检验指标之一，其值在 0.9 以上，表示非常适合做因子分析；在 0.8~0.9，很适合；在 0.7~0.8，适合；在

① 冯岩松．SPSS22.0 统计分析应用教程[M]．北京：清华大学出版社，2015.

0.6~0.7，尚可；在0.5~0.6，表示很差；在0.5以下应该放弃。经过检验，本次调查的KMO值为0.987(如表2.11所示)，说明变量之间的偏相关度很高，这表明该因子分析的样本取样适合度非常高。Bartlett检验的卡方值为18810.185，显著性检验P值为0.000，达到极其显著的水平。两个检验结果都表明该问卷适合做因子分析。故本调查问卷具有良好的分析效度。

表2.11 **KMO和Bartlett的检验**

取样足够度的 Kaiser-Meyer-Olkin 度量		0.987
Bartlett 的球形度检验	近似卡方	18810.185
	df	325
	Sig.	0.000

(二)调查问卷基本信息分析

在本次调查的486个有效样本中，有男教师139人，女教师347人，男教师与女教师的比例为0.401，与深圳市男女教师比例实际情况基本吻合(深圳市中小学男女教师实际比例为0.494)，具体情况如图2.20所示。

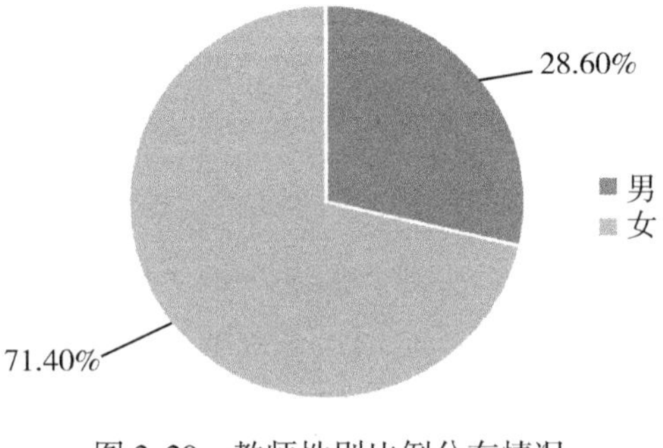

图2.20 教师性别比例分布情况

在教龄分布方面，教龄在11~20年的教师人数最多，为149人，占到了参与调查的教师总数的 30. 7%；其次是教龄在 20 年以上的教师，有 134 人，占总数的比例为 27. 6%；1～5 年教龄的教师人数为 121 人，占 24. 9%；6～10 年教龄的教师比例为 16. 9%，如图 2. 21 所示。

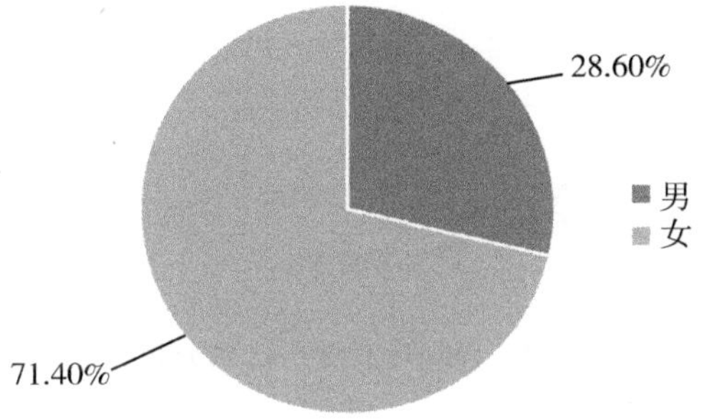

图 2. 21　教师教龄比例分布情况

参与调查的教师中，教授小学的教师人数最多，高中的教师人数最少，这与实际情况比较符合，具体情况见图 2. 22。

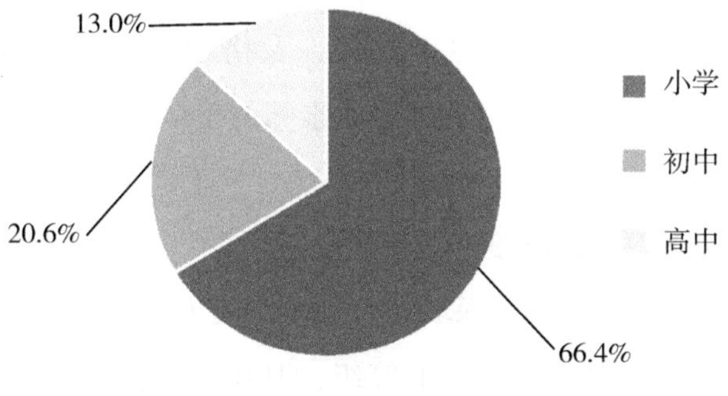

图 2. 22　教师教授学段比例分布情况

在教师最高学历分布方面，本科学历教师人数最多，达 409 人，占参与调查的教师总人数的 84. 2%；博士学历教师有 2 人，具体情况见图 2. 23。此外，在参与调查的教师中没有中专、高中及以下学历的教师。说明深圳市中小学教师具有较高的学历水平，这一数据也基本符合实际情况。

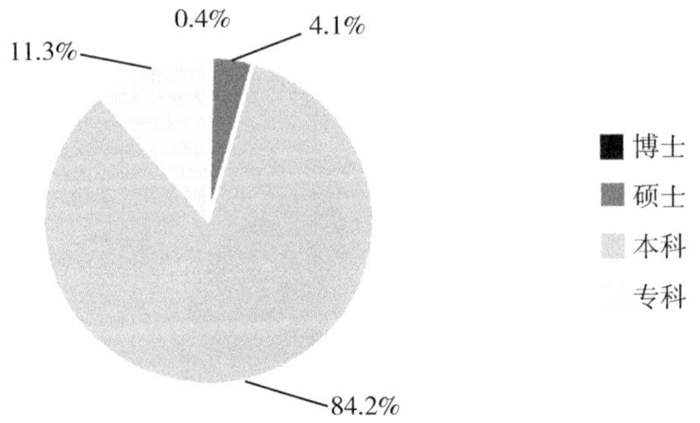

图 2.23 教师最高学历比例分布情况

三、深圳市教师专业素养现状

(一)深圳市教师专业素养的整体概况

根据实际调查结果，深圳市教师专业素养得分的总均值为 4.40 分(满分 5.00 分)，参照常规等级划分——优(4.50 分及其以上)、良(4.00~4.49 分)、中(3.50~3.99 分)、及格(3.00~3.49 分)、不及格(2.99 分及其以下)，深圳市教师专业素养的整体水平已达到“良”等级，处于较高的水平。

(二)深圳市教师各维度专业素养状况

从统计结果可以看出，深圳市教师各维度专业素养量表的平均值在 4.21~4.50 分，达到“良”及以上等级，其中在专业理念与师德维度上的量表平均值为 4.50 分，达到“优”等级，这说明深圳市教师专业理念与师德素养水平较高。相比之下，在专业素养的三个维度中，教师在专业知识维度上的素养水平最低。将三个维度按照量表的平均值由高到低依次排列的次序为：专业理念与师德、专业能力、专业知识，如表 2.12 所示。

表 2.12 各维度教师专业素养水平

维　　度	平均值	标准差
专业理念与师德	4.50	0.86
专业知识	4.21	0.86
专业能力	4.37	0.86

(三)深圳市教师各领域专业素养概况

1. 专业理念与师德维度下教师各领域专业素养概况

在专业理念与师德维度下的各领域中，深圳市教师专业素养量表的平均值在4.44~4.57分之间，达到“良”及以上等级，其中在“对教育教学的态度与行为”和“职业理解与认识”两个领域上的平均值均高于4.50分，达到“优”等级，说明深圳市教师在这两个维度上的专业素养水平较高。相比之下，深圳市教师在“个人修养与行为”领域的专业素养水平最低，如表2.13所示。

表 2.13 专业理念与师德维度下各领域教师专业素养水平

领　　域	平均值	标准差
职业理解与认识	4.51	0.88
对学生的态度与行为	4.49	0.90
对教育教学的态度与行为	4.57	0.89
个人修养与行为	4.44	0.87

对个人修养与行为领域下的各指标(见表2.14)进行进一步的分析发现，教师能够坚持终身学习的理念，不断提高自己的专业素养，但在保持良好的心态以及很好地控制和调节自己的情绪方面的能力还有待加强。

表 2. 14　　　个人修养与行为领域下各指标统计分析

指　标	N	平均值	标准差
我的学生、学生家长和同事都认为我是一名合格的好教师	486	4. 44	0. 95
我在日常工作生活中能够保持良好的心态，不会把个人不良情绪带到教学活动中	486	4. 36	0. 95
我以“教师既是教育者也是学习者，所以要坚持终身学习”来约束自己	486	4. 54	0. 94
有效的 N（列表状态）	486		

2. 专业知识维度下教师各领域专业素养概况

在专业知识维度下的各领域中，深圳市教师专业素养量表的平均值在 4. 05~4. 33 分(如表 2. 15 所示)，达到“良”等级。三个领域量表的平均值从高到低的排序为：本体性知识、通识性知识、条件性知识。由此可见，深圳市教师在条件性知识领域的专业素养水平最低，即教师在掌握班级、少先队或共青团建设与管理的策略与方法的能力相对较弱，在组织各种活动、丰富学生们的课外生活方面的能力有待加强。

表 2. 15　　　专业知识维度下各领域教师专业素养水平

领　域	平均值	标准差
本体性知识	4. 33	0. 89
条件性知识	4. 05	0. 96
通识性知识	4. 25	0. 96

3. 专业能力维度下教师各领域专业素养概况

在专业能力维度下的各领域中，深圳市教师专业素养量表的平均值在 4. 33~4. 45 分，达到“良”等级。四个领域得分的平均值从高到低的排序为：协调沟通能力、组织实践能力、教学设计能力、专业成长。由此可见，深圳市教师在专业成长领域上的素养水平最低，如表 2. 16 所示。通过对专业成长领域下的两个指标进行进一步的分析发现，教师在“我为自己制定了明确的职业生涯规划，并按照规划不断努力”指标上的平均值为 4.23 分，而“在日常教学活动中，我会经常反思和总结自己的教学实践，并做出相应的改进”指标上的平均值为 4.43 分，这说明在专业成长领域，教师善于反思自己的教学实践，推进自己的专业成长，但对自己的专业成长做出清晰的生涯规划的能力有待加强。

表 2.16　　专业能力维度下各领域教师专业素养水平

领　　域	平均值	标准差
教学设计能力	4.35	0.92
组织实践能力	4.36	0.87
协作沟通能力	4.45	0.93
专业成长	4.33	0.90

4. 相关指标的教师专业素养概况

经过统计分析，在 26 项调查指标中有 7 项指标的平均值在 4.50 分及以上，达到“优”等级，如表 2.17 所示。从指标考察的教师专业素养内容来看，该 7 项指标的平均值反映了深圳市教师在专业理念与师德维度中的职业理解与认识、对教育教学的态度与行为和个人修养与行为三个领域上的专业素养水平较高，包括热爱教师职业，认同教师职业价值，注重学生全面发展，具有终身学习的理念等。

表 2.17　　“优”等级指标的教师专业素养水平

领　　域	平均值	标准差
我认为育人的首要任务是培养学生良好的品行，并将其作为自己工作的重点	4.64	0.92
我以发展性的眼光看待学生，注重他们的全面发展	4.58	0.94
我认为教师和医生、律师等一样都是专业性很强的职业	4.56	0.97

续表

领　　域	平均值	标准差
我以“教师既是教育者也是学习者，所以要坚持终身学习”来约束自己	4.54	0.94
热爱教师职业，愿意为成为一名优秀教师而努力	4.50	0.99
我能平等地关心和爱护每一位学生	4.50	0.94
我在日常教学中常常鼓励学生运用不同的思维方法去解决问题	4.50	0.92

在26项调查指标中平均值最低的3项指标分别是“我常常在教学过程中为学生扩充相关的自然科学和人文社会科学知识”，“我为自己制定了明确的职业生涯规划，并按规划不断努力”和“我掌握班级、少先队或共青团建设和管理的方法，能组织各种活动，丰富学生们的课外生活”等三项指标，如表2.18所示。

表2.18　**平均值最低的3项指标的专业素养水平**

领　　域	平均值	标准差
我常常在教学过程中为学生扩充相关的自然科学和人文社会科学知识	4.25	0.96
我为自己制定了明确的职业生涯规划，并按规划不断努力	4.23	0.95
我掌握班级、少先队或共青团建设和管理的方法，能组织各种活动，丰富学生们的课外生活	4.05	0.96

这表明深圳市教师的人文知识素养、生涯规划能力素养和教学组织和活动管理方面的经验性知识素养的水平在所有指标中相对较低，其中教学管理和活动组织方面的经验性知识素养的水平最低。造成自然科学知识和人文知识缺乏的原因可能是深圳市教师教学任务繁重，几乎没有时间开展拓展性阅读和实践，导致其通识性知识的积累不足；教师生涯规划能力不足的原因一方面可能是教师没有明确的职业发展方向，另一

方面可能是教师在职业发展上的动力有所欠缺；而在教学管理和活动组织方面的经验性知识不足的原因可能是部分教师从未担任过班级管理或少先队、共青团的工作，相关方面的能力不足。

(四)不同影响因素下教师专业水平的分析

为进一步了解教师专业水平发展在基本信息上的差异，我们将基本信息中的性别、教师教龄、所属学段和学历等分别与教师专业素养水平及专业理念与师德、专业能力和专业知识等三个维度进行差异比较，除女性教师的教龄与专业素养有显著相关性之外，其他均未发现不同类别的教师在专业素养上存在显著性差异。但从专业素养各题的得分状况来看，不同类别的教师在专业素养上显示出各自的特点。

1. 教师专业素养水平与教师教龄的差异比较

根据统计结果来看，不同教龄教师各维度专业素养的量表平均值在4.12~4.56分，达到“良”及以上等级，其中1~5年教龄和20年以上教龄的教师的专业理念与师德素养的量表平均值高于4.50分，达到“优”等级，如表2.19所示。对比不同教龄教师专业素养之间的得分情况发现，不同教龄教师各维度专业素养水平从高到低依次的排序均为：专业理念与师德、专业能力和专业知识。在专业理念与师德维度上，20年以上教龄的教师自我评分最高，其次是1~5年教龄的教师，11~20年教龄的教师，6~10年教龄的教师自我评分最低。在专业知识以及专业能力两个维度上，20年以上教龄的教师自我评分均最高，其次是6~10年教龄的教师，11~20年教龄的教师，1~5年教龄的教师自我评分最低。

表2.19 **不同教龄教师专业素养的描述统计(平均值)**

教龄	专业理念与师德	专业知识	专业能力
1~5年	4.56	4.12	4.33
6~10年	4.46	4.23	4.39
11~20年	4.47	4.17	4.35
20年以上	4.52	4.32	4.42

2. 男女教师专业素养与教龄间的比较

从表 2.20 中可以看出不同性别的教师在不同教龄阶段的专业素养水平变化情况。工作 1~5 年的男教师在各维度的专业素养水平均为最高，其次是教龄为 20 年以上，11~20 年和 6~10 年的教师。相比之下，不同教龄女教师的专业理念与师德素养水平较为稳定，在专业知识和专业能力维度，20 年以上教龄教师专业素养水平最高，其次是工作 6~10 年，11~20 年，1~5 年的女教师。

表 2.20 **男女教师在不同教龄阶段专业素养的描述统计(平均值)**

性别	教龄	专业理念与师德	专业知识	专业能力
男	1~5 年	4.74	4.42	4.51
	6~10 年	4.31	4.19	4.27
	11~20 年	4.34	4.12	4.27
	20 年以上	4.50	4.26	4.38
女	1~5 年	4.53	4.07	4.30
	6~10 年	4.53	4.24	4.44
	11~20 年	4.52	4.20	4.39
	20 年以上	4.53	4.36	4.45

3. 不同学段教师专业素养间的差异比较

根据统计结果来看，不同学段教师的各维度专业素养的量表平均值在 4.16~4.50 分，达到“良”及以上等级，其中小学、初中、高中教师在专业理念与师德维度上的量表平均值不低于 4.50 分，达到“优”等级，如表 2.21 所示。对比不同学历教师专业素养的量表平均值发现，不同学段教师各维度专业素养水平从高到低的排序均为：专业理念与师德、专业能力和专业知识。在专业理念与师德维度上，初中教师的专业素养水平最高，其次是小学和高中教师；在专业能力维度上，小学和高中的专业素养水平最高，初中教师的专业素养水平最低；在专业知识维度上，高中教师的专业素养水平最高，其次是小学教师、初中教师。

其中，初中教师在“我掌握班级、少先队或共青团建设和管理的方法，能组织各种活动，丰富学生们的课外生活(3.91)”，“我为自己制定了明确的职业生涯规划，并按规划不断努力(4.16)”，“我常常在教学过程中为学生扩充相关的自然科学和人文社会科学知识(4.23)”三个指标的平均值最低，显示初中教师需要加强班级或少团组织的建设能力，为自己制定生涯规划，并从自身做起，扩充学生的知识面和视野。

表2.21　**不同学段教师各维度专业素养的描述统计(平均值)**

学段	专业理念与师德	专业知识	专业能力
小学	4.50	4.22	4.38
初中	4.52	4.16	4.33
高中	4.50	4.25	4.38

4. 不同学历教师专业素养间的差异比较

从统计结果来看，不同学历教师各维度专业素养的量表平均值为4.09~4.57分，达到“良”及以上等级，其中硕士学历教师的专业理念与师德素养、专业能力素养以及本科学历教师的专业理念与师德素养的量表平均值均不低于4.50分，达到“优”等级，如表2.22所示。对比不同学历教师专业素养之间的差异发现，博士学历教师专业素养水平从高到低依次排列的次序为：专业知识、专业能力和专业理念与师德，硕士、本科和专科学历教师专业素养水平从高到底依次的排序均为：专业理念与师德、专业能力和专业知识。在专业理念与师德维度，硕士学历教师的专业素养水平最高，然后依次是本科、专科和博士学历教师，其中博士学历教师在该维度的专业素养水平最低；在专业知识维度，教师的学历越高，专业素养水平越高，呈正相关关系，但无显著性差异($P=0.250>0.05$)；在专业能力维度，教师的专业素养水平由高到低排列的次序是：硕士、本科、博士和专科学历的教师。

表 2.22　不同学历教师各维度专业素养的描述统计(平均值)

学历	专业理念与师德	专业知识	专业能力
博士①	4.17	4.39	4.33
硕士	4.57	4.29	4.50
本科	4.51	4.22	4.38
专科	4.44	4.09	4.24

(五)小结

通过对调查数据的分析与讨论，发现深圳市中小学教师专业素养现状如下：

1. 教师整体专业素养情况良好，专业知识和专业成长素养水平相对较低

深圳市教师专业素养的整体水平达到“良”等级，即整体水平较好。教师专业素养的三个维度按照量表平均值从高到低排列的次序为：专业理念与师德、专业能力和专业知识。其中，深圳市教师在专业知识维度中的通识性知识和条件性知识两个领域上的专业素养水平相对较低。同时，教师在专业成长领域下的生涯规划能力有待提升。

专业理念与师德维度下的四个领域中，深圳市教师在对教育教学的态度与行为和对职业的理解与认识两个领域上的平均值均达到“优”等级，说明深圳市教师热爱教师职业，具有较强的职业认同感，同时在教育教学中能够做到关爱学生，注重学生的全面发展；相对而言，部分教师在控制和调节自己的情绪方面有所欠缺，需要在个人修养与行为领域有所提高和发展。

专业知识维度的三个领域中，相对于本体性知识和通识性知识，深圳市教师的条件性知识素养最低，即班级组织管理等隐性的经验性知识素养亟待提高。

在专业能力维度下的四个领域中，教师专业成长的素养水平，特别

① 博士学历教师的样本总量较少，不具有代表性。

是教师对职业生涯规划的能力相对较低，有进一步提升的空间。

2. 初中教师的专业素养水平有待进一步提高

初中教师在教师专业能力和专业知识维度上，得分均排在了中小学教师的最末位，显示初中教师在掌握班级、少先队或共青团建设和管理的方法，职业生涯规划和知识扩展方面仍有待提高。

3. 硕士学历教师各维度专业素养水平较高，学历与专业素养水平成正相关

深圳市硕士学历教师在专业理念与师德和专业能力维度上的素养水平较高。教师学历与各维度素养水平成正相关性，即教师学历越高，专业素养水平越高，但无显著相关性。

第三章　深圳市新型教师培养现状分析

第一节　深圳市新型教师培养的政策分析

一、深圳市新型教师培养的政策背景

“尊师重教”是中国长期以来的一项优良传统。但这种“尊师重教”的维持与延续更多的是基于我国古代的科考制度，寒门出身的人只有通过学习，在科考中赢得功名，才有可能从贫穷的生活环境中脱离出来。发展到现代社会，受教育不再成为穷人眼中的奢侈，教师在很多人的眼中或者被视为“孩子王”，仅承担着看管孩子的作用；或者被曲解——“三人行必有我师”，人人都能成为教师。同时，由于历史的原因，我国的师范教育起步较晚，在发展过程中尝试和实践过日德式、美式和苏式等不同师范教育的制度和方法，也曾试图独立建制，虽然积累了丰富的经验，但师范教育成长中得到的教训也不少。同时，受中国封建社会“以吏为师”和“以士为师”的传统观念影响，社会普遍将教师职业看作是自然养成的过程，无须专门的制度化培养，这直接导致了我国教师专业化的发展在 20 世纪 90 年代前一直都停留在研究讨论、文字阐述的阶段。

改革开放后，适逢国际教师专业化运动兴起，因此我国一直在有意识地提高教师的社会地位并从政府层面推动教师专业化发展。为保障教师队伍的稳定性，我国在保证教师权益的同时，也对教师这一职业做出了一定的规范。其中 1983 年，国家教委下发了《关于中小学教师队伍调

整整顿和加强管理的意见》，提出了合格教师质量标准的原则，规定小学教师应具备中等师范学校毕业的学历或同等学力，初中教师应具备高等师范学校(或其他高等学校)专科毕业的学历或同等学力，高中教师应具备高等师范学校(或其他高等学校)本科毕业的学历或同等学力，这一对教师基本学历的要求一直沿用至今。

1986年的《义务教育法》第一次正式提出要建立教师资格制度，对合格教师发资格证书。1991年，国家教委印发了《关于开展小学教师继续教育的意见》，加强各极培训机构的建设，完善小学教师继续教育网络。1993年我国发布了《教师法》，从国家法律的角度肯定了教师职业的专业性，并再次以法律的形式对从事各级教师职业所应达到的最低学历标准做出了规定。1995年《教师资格条例》正式分布，为教师资格证的正式启用奠定了基础。1999年，教育部发布的《中小学教师继续教育规定》要求新任教师在试用期内应参加不少于120学时的培训，教师为适应岗位要求参加的培训，每5年累计不少于240学时，更进一步地对教师的继续教育做出了明确规定，也充分保障了教师专业化的发展。2000年，我国出版了第一部对职业进行科学分类的权威性文件《中华人民共和国职业分类大典》，首次将我国职业归并为八大类，而教师属于“专业技术人员”一类。2012年，我国发布了《国务院关于加强教师队伍建设的意见》，要求从完善教师专业发展标准体系、提高教师培养质量、建立教师学习培训制度、完善教师培养培训体系、培养造就高端教育人才等方面大力提高教师专业化水平，到2020年，形成一支师德高尚、业务精湛、结构合理、充满活力的高素质专业化教师队伍。

为推动我国新型教师专业素养的培养，近年来教育部把选拔高级人才和抓师德建设放在了政策制定的重要位置。在选拔高级人才方面，2014到2015年，教育部连续下发了《关于实施卓越教师培养计划的意见》《关于公布卓越教师培养计划改革项目的通知》和《关于下达2015年“三区”人才支持计划教师专项计划的通知》，从不同角度选拔和培养高水平的中小学教师。为加强对教师队伍的管理，解决教师队伍建设的有关问题，2012 年教育部下发了《关于开展中小学教师队伍建设专项督导自查工作的通知》，要求各省、自治区、直辖市等对教师队伍的编制、待遇保障、代课教师问题解决、培训经费和幼儿园教师管理等五大问题开展自查工作，并制定限期整改方案，促进教师队伍建设和发展。在抓师德建设方面，1997 年，国家教委印发了《关于在中小学教师继续教育中加强教师职业道德教育的意见》，2005 年，教育部出台了《关于进一步加强和改进师德建设的意见》，2013 到 2016 年，教育部连续下发了《关于建立健全中小学师德建设长效机制的意见》《教育部关于印发〈严禁教师违规收受学生及家长礼品礼金等行为的规定〉的通知》《教育部关于印发〈严禁中小学校和在职中小学教师有偿补课的规定〉的通知》和《关于开展治理中小学有偿补课和教师违规收受礼品礼金问题自查工作的通知》等文件，构建了覆盖大中小学完整的师德建设制度体系，将师德建设推向制度化、规范化和法治化轨道。

进入 21 世纪后，我国教师专业化正式步入了快速发展的轨道，师范教育在改革中不断成长和完善，各级各类继续教育得到长足的发展，教师参与培训的权利也得到了有效的保障。2017 年党的十九大后，我国更进一步地加强了教师队伍的建设，十九届中央全面深化改革领导小组第一次会议通过了《全面深化新时代教师队伍建设改革的意见》(以下简称《改革意见》)，并于 2018 年 1 月 20 日正式印发。《改革意见》共六项二十七条，是继 2012 年《国务院关于加强教师队伍建设的意见》后又一个国家关于教师队伍建设的文件，显示我国对教师专业素养提升的高度重视。文件提出："经过 5 年左右努力，教师培养培训体系基本健全，职业发展通道比较畅通，事权人权财权相统一的教师管理体制普遍建立，待遇提升保障机制更加完善，教师职业吸引力明显增强。教师队伍规模、结构、素质能力基本满足各级各类教育发展需要。"围绕全面加强师德师风建设，不断提高教师地位待遇，《改革意见》提出了具体举措，要求"提高教师培养层次，提升教师培养质量"，"开展中小学教师全员培训，促进教师终身学习和专业发展"等。

二、深圳市新型教师培养政策

深圳虽然是个年轻的城市，但 1982 年成立后就一直非常重视教育和教师队伍的发展。1982 年，深圳市委、市政府做出了“教育与经济同步发展”的决策；1991 年，又确定了“教育要适度超前发展”的战略。深圳市在重视教育发展的同时，非常重视教师队伍的发展，采取各种办法建设和优化师资队伍。

长期以来，深圳市、区两级政府都把聚集和建设高水平的人才队伍看作是事业发展的重要保证，积极出台各项政策保障教育人才的引进，对名教师和名校长的引进给予优惠，如开设人才引进“绿色通道（免考）”以及分房、购房优先解决和给予优惠，积极帮助解决教师家属调入问题等。如 2015 年，龙岗区通过“百万年薪招校长”从 123 位来自全国各地中小学优秀校长中选出了两名优胜者，分别出任天誉实验学校校长和麓城小学校长；继而，又通过高端教育人才计划，给予住房、年薪、工作环境等多方面的优惠条件，招聘到了来自全国各地的 20 名特级教师。

除了通过各项政策积极引进人才，深圳市也对教师队伍的继续教育和培训进行了严格的规定。早在 2003 年，深圳市教育局办公室就印发了《深圳市中学教师继续教育学籍管理暂行规定》，要求教师必须完成以 5 年为一周期、每年 60 学时的继续教育，其中 40 学时为市级继续教育课程，20 学时为校本培训课程。2011 年又将每 5 年继续教育学时数提高到 360 学时，其中 24 学时为校本培训，48 学时为市区级培训。同时，规定中办小学专任教师每年必须完成 72 学时的继续教育任务，民办小学校长每 2 年至少参加 1 次校长职务培训。

2011 年，深圳市发布了《深圳市中小幼教师继续教育发展行动计划（2011—2015）》（以下简称《行动计划》），全面实施“人才强教”的战略，以中青年教师学历提升、教育教学能力提高为重点，同时加大新任教师、基础教育名师名家培养的力度。其五个发展目标分别是：积极推进教师的全员培训，规定每位教师每年应参加不少于 72 学时的培训；全面提高教师素养，除了重点培养骨干和优秀教师外，对中小教师的本科和研究生达标率做出了相应的规定；加大培训资源投入，加大培训经费投入，保证人均培训经费拨款不低于 1500 元；利用信息技术加强教师培训及其管理工作；提高培训的有效性，非学历课程优良率达到 90%，教师学习成果的优良率达到 90%，教师对培训的积极参与度达到 85% 以上。《行动计划》对从学前教育开始到高中教师的培养和培训工作做了详细的规划，包括指引教师的职业发展，分层次对教师队伍实施培养并配套相应的课程设计，建设教师培训基地和教师发展学校等促进教师实践能力的提高等。《行动计划》也是我国为数不多的地级市发布的关于教师队伍发展的纲领性文件，对深圳市教师队伍的专业发展起到了极大的推进作用。

2012 年，深圳市政府发布了《深圳市人民政府关于进一步加强教师队伍建设提高教育核心竞争力的意见》，要求明显提升师德师风、不断优化教师结构、明显增强教师专业素养、整体提高专任教师学历层次。实施为人师表、教师专业素质提升、教育英才、民办学校教师队伍建设、师资建设国际化等五大工程；通过改进教师招聘制度、加强教职工编制和职称管理、实现师资均衡配置、改革校长选拔任用机制、健全教师评价激励机制等推进教师管理体制和机制的创新。

2015 年深圳市开展“教师队伍建设年”活动，以建立深圳教师新标准、教师教育新体系、名师培养新机制、信息管理新平台为主要目标，使深圳教师在师德师风、课程改革、特色教育、教育科研等方面形成独特优势，在全国基础教育系统发挥“领跑者”的作用。“建设年”共推出 10 项教育行动，包括：校长能力提升工程、师德师风督查行动、“年度教师”评选活动、教育名家推介行动、名师引领辐射行动、顶岗置换研修行动、教师柔性交流行动、关爱教师行动、教师管理平台建设行动等，行动与相应的措施如图 3. 1 所示。十项教育行动覆盖了教师队伍建设的方方面面，既突出了优秀教师的培养和宣传，又顾及了对整体教师队伍的关爱和监督，方式方法灵活。为了保证这 10 项行动有效开展，深圳市教育局局长郭雨蓉与各区教育局签署了工作目标责任书。

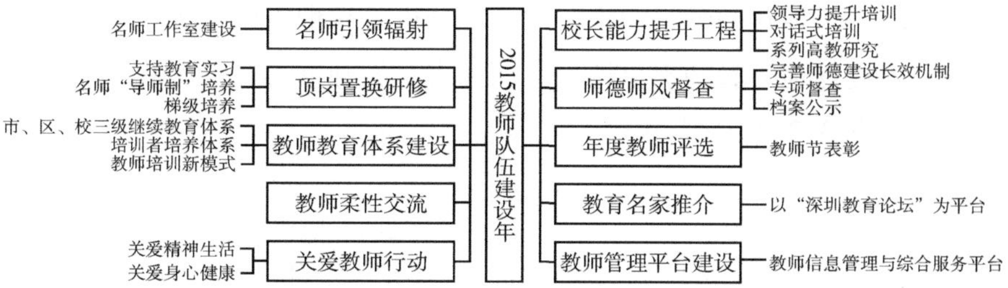

图 3.1　深圳市 2015 年教师队伍建设年教育行动及措施

第二节　深圳市新型教师培养的行动

按照《广东省专业技术人员继续教育条例》，深圳市教师继续教育课程内容分为公需科目、专业科目和个人选修三个部分。公需科目由深圳大学师范学院负责组织实施，专业科目由市、区级教育行政主管部门组织实施，个人选修科目一般以参加学校组织的校本培训为主要形式进行。为组织管理好教师的继续教育，深圳市确立了以市、区“两级管理、两级培训”的管理与实施模式，使市、区两级的培训与管理工作都得到了有效的加强。

一、市级新型教师培训

(一) 市级新型教师培训课程设置及管理

深圳市级层面的教师培训创新出了“每周教师继续教育日+暑期教师继续教育周+教师选课学习+其他学术性活动”的模式，加强各类教师业务培训和师德教育。“每周继续教育日”主要指每周定期开展校本研修，“暑期教师继续教育周”活动则用于完成“信息技术应用能力提升工程”“一师一优课、一课一名师”及其他公需课；其他学术性活动则指“教学比武”“专题研讨”等，可折算成学时，鼓励教师积极参加各级各类学习与研究活动。

“教师选课学习”指教师可以在市、区两级及基地学校课程选择，以满足教师个性化的学习需求，这一部分也是深圳市区两级重点建设的课程。为更好地为教师提供课程，深圳市对教师继续教育课程体系作了规划，如图 3.2 所示。

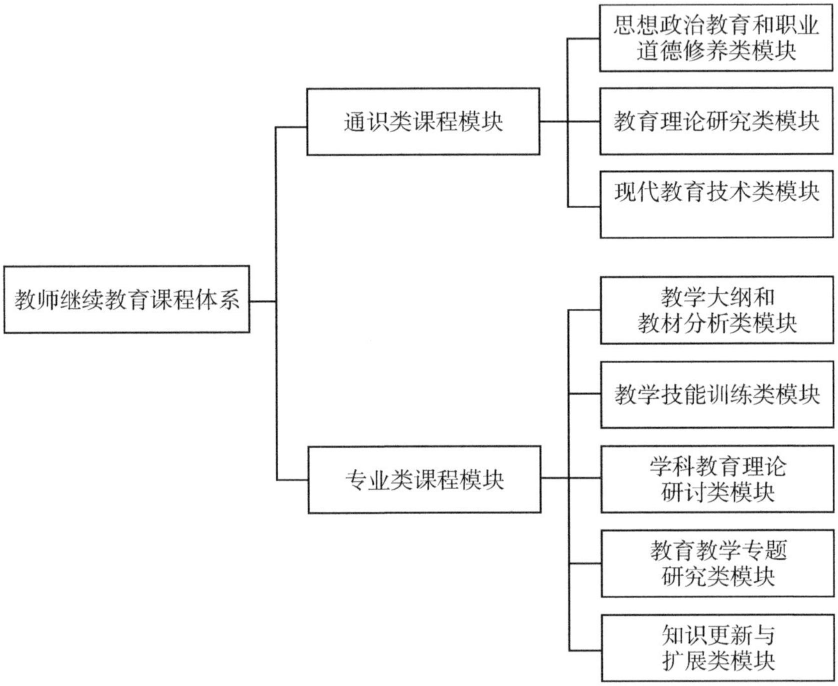

图 3.2 深圳市教师继续教育课程体系图

同时，深圳市将教师的继续教育区分为四个层次——初级、中职、高级和名优特教师，在课程设置、内容和授课形式上都采取有区别的培训方式，如表 3.1 所示。

在继续教育的管理工作方面，目前，深圳市开通了三个市级继续教育网络管理平台，分别是由深圳大学师范学院负责的深圳市教师教育网（http：//www.0755tt.com）、深圳城市学院负责的深圳市中小幼教师继续教育网（http：//szjspx.com.cn）和深圳市教育研究院负责的深圳市教

表 3.1　　深圳市教师分层次继续教育重点

	课程设置	内容的侧重点	授课形式
初级职称教师	满足教师顺利健康步入专业发展轨道的需要	教材教法和班级管理能力方面	采用集中培训与校本研修相结合的授课形式
中级职称教师	为提升其职业成熟度，提供保障，满足其形成独特教学风格、教育思想所需的教育理论的需求	学科教育理论研究类和教育教学专题研究类课程的学习	坚持多元、开放、互动的原则，理论与实践相结合，面授与自学研讨相结合，阶段性培训与教学实验相结合，培训与教研、教改相结合
高级职称教师	满足教师提升教育教学研究能力及自身教育教学特色及教育思想形成的需要	知识更新与扩展类和教育科研类课程的学习	坚持多元、生动、活泼的原则，创设外授和自省相结合的授课形式
名优特教师	围绕着突破其自身发展的高原期，为其增强可持续发展的能力，与同行分享教育实践经验和教育智慧	主要开设专业知识拓展类课程与教育哲学、系统论、方法论类的课程	坚持灵活、多样、高效的原则，采取自培与他培相结合，短期面授与长期跟踪指导相结合，专家集中讲授与教师自修相结合的方式

师继续教育管理系统(http：//szjxjy. szjky. edu. cn/)。其中，深圳市教师教育网和深圳市中小幼教师继续教育网既是管理平台也是远程教学平台，在接受教师报名参加培训课程(包括面授课程和远程课程)的同时，也提供网络课程的学习。其职责不同在于深圳市罗湖、福田、南山、盐田、宝安等区基地学校的课程由教师教育网承担网络报名、选课等的管理工作，市属基地学校、龙岗、光明、坪山、龙华、大鹏基地学校的课程则由深圳市中小幼教师继续教育网负责相应的管理工作。而深圳市教师继续教育管理系统是单纯的网络平台，但可以直接向教师提供继续教育学分认证的证明。

教师在三个平台上都可以根据开课单位、授课形式、课程层次、教育类别、课程分类和学科分类等几个限制性条件，查找自己感兴趣的课程，并申请选修，如图3.3所示。

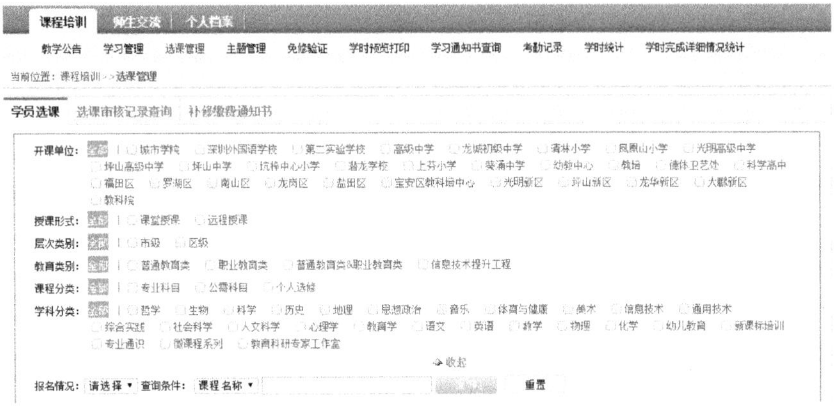

图3.3 深圳市继续教育网络平台选课页面

目前，深圳市教师教育网和深圳市中小幼教师继续教育网开放供教师选择的课程已达到949门，其中面授课程407门，所占比例为42.89%，远程课程542门，占比为57.11%。从课程体系分类来看，通识类课程133门，占所有课程的比例为14.01%；专业类课程816门，所占比例为85.99%。通识类课程中，思想政治教育和职业道德模块课程有42门，占通识类课程的比例为31.58%；教育理论研究模块课程有48门，占通识类课程的比例为36.09%；现代教育技术类模块课程有43门，占通识类课程的比例为32.33%。专业类课程中，教学大纲和教材分析类模块的课程为0门；教学技能训练类模块课程有143门，占专业类课程的比例为17.52%；学科教育理论研讨类模块课程有362门，占专业类课程的比例为44.36%；教育教学专题研究类模块课程有191门，占专业类课程的比例为23.41%；知识更新与扩展类模块课程有120门，占专业类课程的比例为14.71%，如图3.4所示。

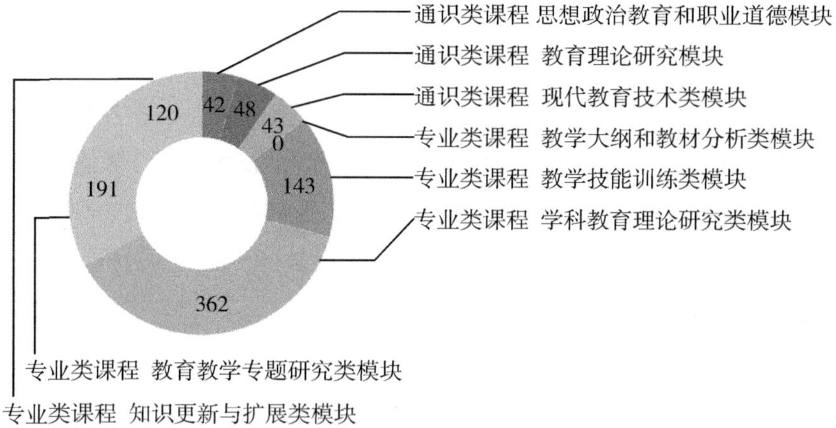

图 3.4　深圳市级继续教育课程分类情况

(二)市级新型教师培训的途径

从培训的方式方法来看，深圳市尝试采用多种方法对教师进行培训，不仅满足不同层次教师的要求，也为教师提供了灵活方便的学习途径。以下将就教师海外培训计划、中小学教师专业发展基地学校和深圳教育论坛三个较有特色的培训途径进行阐述。

1. 教师海外培训计划

2003 年深圳市政府全面启动了教师海外培训计划，这是国内最早实施的中小学教师海外培训项目。政府专门做出预算，有计划地选派教学骨干和管理干部到英国和美国进行研修，开阔国际教育新视野，学习、比较西方国家先进的教育理念和教学、管理方法，通过所学所获带动中小学教育教学改革。到 2010 年底，已先后派出 21 批 734 人赴美英参加海外培训。

2015 年，深圳市再次发布了《深圳市中小学教师海外培训提升计划》，新增布朗大学作为项目的选点，扩大培训规模，5 年内派出人数达到 2000 人，10 年达到 3000 人。同时，改革海外培训模式，分层次、分类别组建培训班次，设立教育管理(含校长能力提升)、中学文科教师、中学理科教师、小学教师、职业教育等班次，分别开展培训；加强实践类课程的学习，如最新教育技术和教学技巧等；并规范评价管理，对参训教师的学习成果和表现进行评价和鉴定。

2. 中小学教师专业发展基地学校

2014 年开始，深圳市创立了首批 45 所“深圳市中小学教师专业发展基地学校”，力图扎根于中小学(含中等职业技术学校)教育教学实践，与高等院校和教育科学研究机构合作，形成教学、研究、学习三者合一的培养方式，开展教师继续教育，促进教师专业发展。这 45 所基地学校在各区的分布如图 3.5 所示。

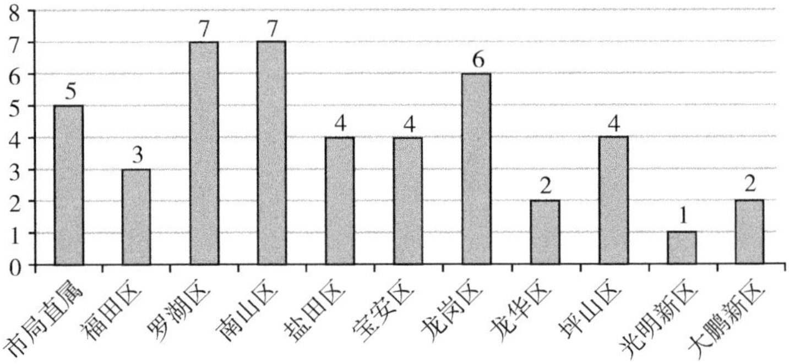

图 3.5 深圳市中小学教师专业发展基地学校所属分布图

这 45 所基地学校有高中 12 所(其中 1 所为职业高中)，初中 15 所和小学 18 所；优势学科 34 个，遍布中小学各个科目，如图 3.6 所示(不含职业高中)。由图我们可以看出，高中优势学科数量较多，而语文包括高中语文和小学语文都占有优势，分别有 8 个高中基地学校和 7 个小学基地学校的语文均为优势学科，同时也有 7 个初(高)中基地学校的英语为优势学科，5 个高中基地学校的优势为高中数学。部分学科虽只有一个基地校是优势学科，但却非常有特色，如光明新区高级中学的培训管理者，田东中学的传统文化教育，田心小学的小学书法等。

深圳市发布的《深圳市中小学教师专业发展基地学校建设标准(试行)》要求，基地学校应发挥名优特教师辐射带动示范作用，促进教师

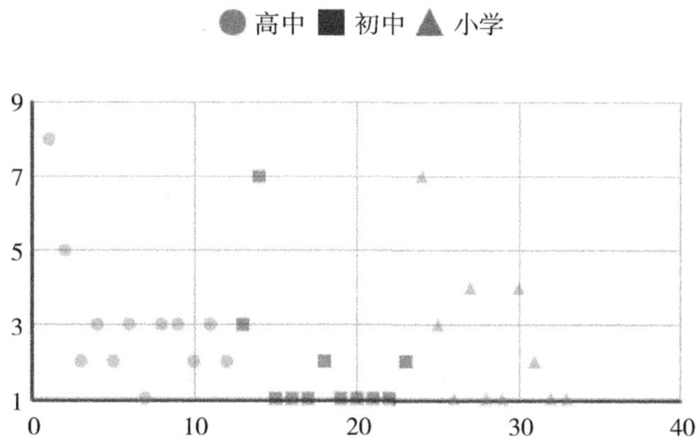

图 3.6 深圳市中小学教师专业发展基地学校优势学科分布散点图

专业发展校本研修进程；创建期内，必须培育教师培训项目，并有明确的培训目标和切合实际的培训课程计划。2015 年，深圳市通过了对 33 个基地学校共 64 门课程(除职业高中)的评审工作，正式向教师开放这些课程。其中专业通识类课程 14 门，大多数为班主任管理能力类培训课程；学科专业类课程 50 门。按深圳市继续教育课程体系分类，如图 3.7 所示。

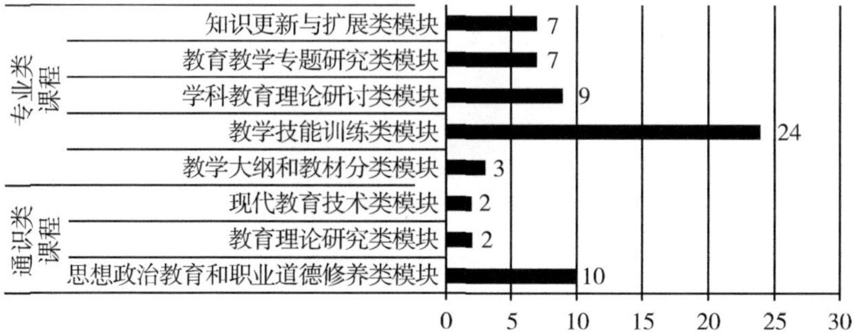

图 3.7 深圳市基地学校教师继续教育课程分类

3. 深圳教育论坛

从 2010 年开始，深圳市教育科学研究院开始主办“深圳教育论坛”，希望通过高层次的专家讲座、经验交流，实现对教师开展培训的目的。2015年的"教师队伍建设年"实施方案中，更是力图把深圳教育论坛升级打造为总结、提炼与交流、分享深圳教育名家先进的教育教学思想和实践智慧的高层次学术讲坛，通过举办深圳名校(园)长办学思想研讨会和名教师教学思想研讨会，推介深圳教育名家，打造"深圳教育流派"。

2010年到2016年已举办的部分"深圳教育论坛"主题及举办形式如图3.8所示。从图3.8我们可以看出，论坛的举办形式多样，其中以专家讲座和教学经验交流的次数最多，分别有27次和15次，而且有14期次的论坛都是以专家讲座和教学经验交流相结合的形式开展的。嘉宾论坛也是"深圳教育论坛"的一个特色举办形式，每次都会邀请来自深圳本地、国内的著名校长、专家，甚至是国际专家同台讨论所共同关注的话题，使论坛发展成为思想交锋、经验交流的平台。

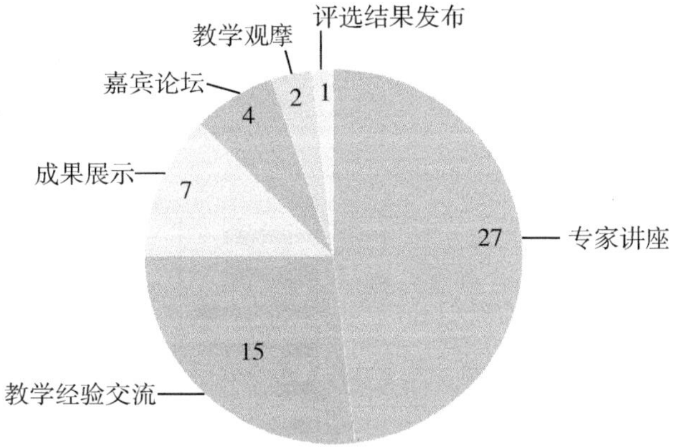

图3.8　深圳教育论坛举办形式

二、区级培训

(一)各区新型教师培训活动概述

目前深圳市各区都建立了师资培训中心，根据各区具体情况开发自主课程，加强对继续教育的监督，为教师继续教育提供了更丰富的选择。区师资培训中心开设的课程内容涉及：与基础教育课程内容、基础教育教学改革密切相关的理论、方法和案例等，国内外最新教育理念及应用的方法、案例等，与教师职业、教师身心素质密切相关的理论、方法等，最新科学技术、科学研究发现、成果等。组织形式有新教师培训班、班主任培训班、校级干部培训班、骨干研讨会、资深教师课例观摩、专题讲座等多种。

表 3.2　**深圳市各区①中小学教师培训机构名称及培训特色**

行政区	区级培训管理机构	培训相关政策	培训机构专门网站	培训网络管理平台
福田区	福田区教师培训中心	✓	✓	✓②
罗湖区	罗湖区教育科学研究中心	✓	×	×
南山区	南山区教育科学研究中心	×	×	×
宝安区	宝安区教育科学研究培训中心	×	×	×
龙岗区	龙岗区教师进修学校	×	✓	✓
盐田区	盐田区教育局	×	×	×

从上表我们可以看出，不同区之间对于新型教师专业素养的培养存在着较大的差异，这与深圳各区的建区时间、各区之间经济实力不同等因素是密切相关的。福田、罗湖和南山作为深圳最早成立的行政区，教师队伍建设的基础较好，而宝安和龙岗区过去作为深圳的“关外”，则面临着基础差、教师人数众多的挑战。其中福田区对新型教师专业素养

① 由于龙华区和坪山区为 2016 年新设行政区，考虑到行政管理建设仍需要时间，此处仍以深圳原 6 区为分析对象。

② 福田区培训网络管理平台(http：//training. szftedu. cn)网站无法使用，原因不详。

培养最为重视，不仅出台了《福田区中小学教师继续教育管理办法》《福田区特级教师团队工作室三年规划》等政策性文件，规范教师队伍培训，网络平台的宣传和管理也十分到位。罗湖区十分注重名教师在教师培养中发挥的作用，分别出台了《“名教师带徒”计划》《罗湖区中小学新教师师徒协议书以及计划(2014 年)》等。龙岗区教师进修学校发展很快，不但建立了专门的培训机构网站，还设计开发了专门的管理平台，方便教师的选课。

在教师培训的内容和方法上，较有特色的区有罗湖区、南山区、龙岗区：

罗湖区在教师队伍的培训上，非常注重高端人才的培养。如从 2008 年开始与北京大学合作，每年在北大开展专门的高端教师培训班；与华中师范大学合作，开设小学语文教师骨干班。除了与高校的合作，罗湖区还开设了区的“百千万”中层干部班和“百千万”骨干教师班。此外，罗湖区还专门开通了“名师研训网”(http://zhyx.luohuedu.net/pxzx/)，在区名师工作室的基础上，开展教师梯队培养工作，要求省、市、区三级名师工作室定期开展活动，培养青年教师。为加强对高端人才的培养，2016 年开设了“名师暨名师培养对象”“骨干培养对象”“青年骨干培养对象”等高端研训班，综合高校理论学习和本地研修两种学习方式，对骨干教师和名师培养对象进行有针对性的培训。

南山区对教师队伍的建设高度关注，在 2014 年发布的《南山区教育质量攻坚五年行动计划》中，把打造高素质教育队伍列为十个攻坚项目之一。南山区教师培训工作由南山区教育科学研究中心负责，早在 2008 年，南山区就与香港教育署、香港教师中心、香港大学教师学院等开展合作，通过派遣校长、骨干教师赴港挂职培训的方式，开展教师的继续教育和培训。目前，南山区还在区网络平台上提供了 62 门教师专业发展慕课课程供教师学习，其中信息技术应用能力提升类课程 25 门，多元智能发展类课程 4 门，学科教学法类课程 12 门，信息技术与学科融合类课程 18 门，幼儿教师培训类课程 2 门，以及教育理解类课程 1 门；由南山区自己开发的慕课课程有 37 门，占总数的 59.6%，教育企业开发的课程 18 门，高校专家课程 5 门，南山区以外教师开发的课程 2 门，如图 3.9 所示。

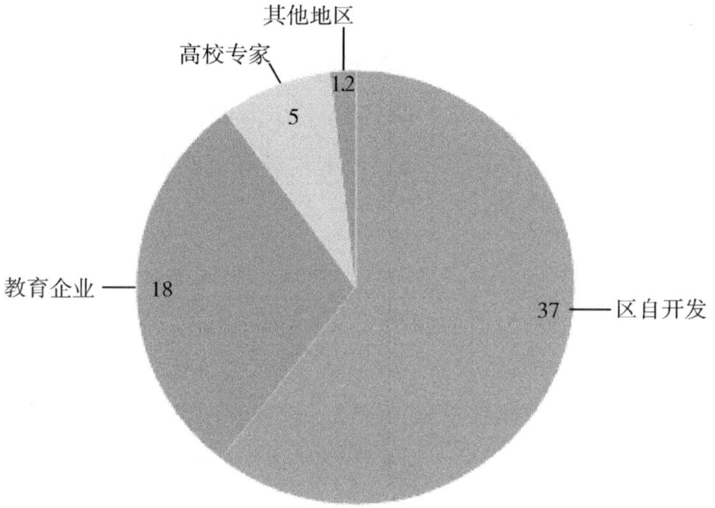

图 3.9　南山区教师专业发展慕课课程来源分布图

龙岗区的区级培训特色之一是开发了新教师“田园式”培训模式，目标是“通过一个适宜的时段”，把一位教育教学的“生手”打造成“熟手”；在培训时间上以 3 年为一个周期，在培训内容上打破传统的“讲座”模式，通过丰富多样的培训形式在师德师风、教育理念、教学技能、班级管理等方面有效引领新教师，让他们快速成长。“田园式”培训覆盖了高中、初中、小学和综合类 25 个学科，平均每学科每学期开展 3 次培训活动。活动包括指导教师与新教师同课异构，新教师间同课异构，赛训结合，沙龙讲座等多种类型，每届新教师在三年的培训周期里完成一轮基本教学能力过“九关”，包括语言表达能力、备课说课能力、书写能力、课件制作能力、现场上课能力、教学思维能力、命题能力及试卷评讲能力、案例写作能力、教育教学论文写作能力。龙岗区的另一个特色是有着丰富的区级培训课程及完善的培训管理体系。到 2016 年，龙岗区教师进修学校为教师提供了 383 门区级继续教育课程，全部由区学校或教师开发，其中校本课程 46 门，学科研修类课程 296 门，教学理论类课程 2 门，通识类课程 38 门。教师参加区级继续教育课程，可直接从龙岗区教师进修学校的选课平台上直接报名，管理平台具有随时查看选课人数、课程情况等情况的功能。

（二）个案研究——宝安区新型教师培训活动分析

以宝安区 2015—2016 年教师培训工作为例，区师资日常培训类型主要有网络远程培训、面授培训、校本培训和新教师岗前培训四种，共计 60 学时，如图 3. 10 所示。

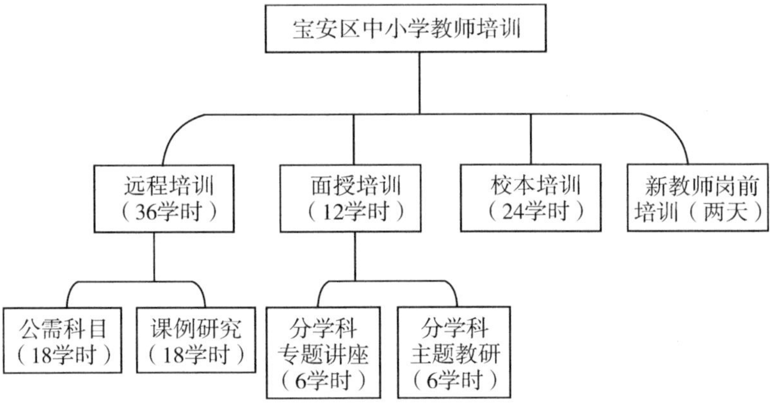

图 3. 10　宝安区中小学教师区级培训分类图

同时，宝安区还专门举办教育管理干部和骨干教师提高培训班，分为高校研修和异地交流两种类型。高校研修类培训班是在浙江、福建、湖南、广西等地重点高校举办研修班，培训对象包括中小学教育管理干部、后备管理干部、名师和骨干教师；培训内容包括前沿教育管理理论和综合素养提升、校长领导力提升、未来教育家培养、后备干部培养、教育信息化、教育国际化、教师艺术素养、教学研究、德育研究、家庭教育、国学教育等。异地交流类培训班则以提升教研员和学科骨干教师的专业水平和能力为目标，组织学科骨干教师到高校和区外教学教研先进地区交流学习，在高校提升专业理论，到实践基地观摩交流、跟岗学习。

教师可以在完成基本的公需科目、市一级课例研究学习、校本培训后，根据自身的情况选择参加面授培训。如果被选派参加区主办的骨干教师或教育管理干部培训班，则可用培训班的学分抵面授课学分，从而达到继续教育 72 学时的要求。

第三节 深圳市新型教师培养的实证研究

一、实证研究的过程

（一）实证研究的前期准备

为了深入了解深圳市新型教师培养的现状与问题以及对教师培养未来的期望，我们根据对新型教师培养的理解，设计半结构化的访谈提纲，着重询问教师们对政策、制度和管理的态度和满意度以及个体教师专业发展情况两个方面的内容。半结构化访谈是按照一个粗线条式的访谈提纲而进行的非正式的访谈。因此，对访谈对象的条件、所要询问的问题等只有一个粗略的基本要求，在访谈时可以根据实际情况灵活地做出必要的调整，对提问的方式和顺序、访谈对象回答的方式、访谈记录的方式和访谈的时间、地点等没有严格的要求。

访谈时运用的主要提问方式是关键事件法。关键事件法最早用于人力资源管理当中，意指通过对工作中最好或最差的事件进行分析，认定造成这一事件的工作行为，从而做出工作绩效的评估。本次研究中以关键事件法作为提问方式，一方面能避免教师对一些敏感性问题产生警惕心理，不愿意说出自身的真实想法；同时，关键事件的编码效率较高，提供了时间压缩的观察，有利于后期信息的分析。

（二）访谈对象

本研究共选定 42 名访谈对象，采用目的性抽样方法，选取了 3 位深圳市教育研究院教研员，39 位深圳市中小学教师，其中龙岗区 14

位，南山区 7 位，宝安区 6 位，福田区 7 位，盐田区 5 位。为保证访谈教师对深圳市新型教师培养的熟悉程度，访谈教师在推荐上必须符合以下条件：教师在深圳从教 4 年及以上，愿意接受 30 分钟至 1 小时的深度访谈；同时还必须符合以下条件中的一项，包括现担任区级以上学科教研员、曾获得区级以上教学表彰、曾在学校担任中层以上领导职位、已具备研究生以上学历。

(三)访谈的实施

1. 前期准备：根据推荐名单中的联系方式联系各位老师，在征得老师同意的前提下，以受访者方便为前提，确定访谈的时间、地点。每次访谈时间为 50～80 分钟。访谈开始前，向受访者介绍访谈的目的、计划、内容和意义，说明过程与结果的保密性。

2. 访谈提纲的使用：在访谈过程中，采用提纲式主线，对受访者的回答持开放态度。提问的方式和顺序根据实际情况灵活调整，尽量对受访者多次提到的重要因素进行追问。

3. 访谈记录：访谈者经过统一培训指导，两位或三位访谈者搭档进行访谈，一位访谈者主要负责提问与录音，另一位访谈者主要负责记录及补充提问。在征得受访者同意后，对访谈过程全程录音，对于个别忌讳录音的访谈者进行纸笔记录，访谈过程中对受访者的状态和非语言信息进行观察和记录，访谈结束后，尽快将访谈录音整理成文字资料，保证原始资料的完整性、真实性和有效性。

(四)访谈资料的整理与分析

采用内容分析法将根据访谈录音整理成的文字资料转换成可以用来定量分析的结构化的信息。按照“扎根理论”的三级编码程序进行编码。(1)一级编码：仔细阅读文字资料，找出有意义的句子，用较精简的句子或词语来进行初步编码；(2)二级编码：将一级编码与访谈提纲进行对比，提取出文本中的关键信息，分析形成主题；(3)三级编码：将二级编码的主题进行聚合，形成更高层次的核心类属。

以受访者 LJ1 访谈资料分析为例。

原始资料	一级编码	二级编码	三级编码
我暂时没有倦怠感，我个人喜欢和学生接触，比较少接触到社会的复杂面，和学生交流可以使自己获得成长，从他们身上获得活力。我的压力一般，不会特别沉重。刚带高三时会有压力，新毕业的老师第一次带高三都会有压力，当时有师傅毫无保留地指导我，我跟着去听课，他听我的课也会指出我的问题，慢慢地也可以克服，排解压力。	暂时没有倦怠感 喜欢和学生接触 活力 压力一般 第一次带高三压力大 师傅指导	没有倦怠感 喜欢与学生接触 压力一般 师徒结对	无倦怠感 喜欢学生 有压力 新手时师徒结对

二、研究的信度与效度

(一) 研究的信度

一般地，质性研究的信度需要保证资料收集过程、记录、编码、分析及结果解释的一致性。本研究通过以下策略来保证信度：(1) 两位访谈者同时对一名受访者进行访谈、录音等是保证资料收集过程和记录的一致性；(2) 由两位研究者独自对收集到的资料进行编码、分析和结果解释，之后进行对比，讨论决定保留主要的、恰当的编码、分析和结果解释，舍弃次要的、不恰当的编码、分析和结果解释。

(二) 研究的效度

首先，最大程度上减少研究者的主观偏见。研究者在进行访谈的过程中尽量保持价值中立，对受访者的谈话不做评价，不做引诱性提问。

其次，访谈过程中研究者与受访者建立良好的关系，耐心倾听其看法，以及对事件、经历的描述。

再次，资料收集与资料分析同时进行，保证资料收集的丰富性和准确性。

三、深圳市教师培养的需求与问题分析

(一) 中小学教师对政策、制度和管理的态度和满意度

在对受访教师的访谈资料的整体分析中可以发现，访谈涉及的几个与教师利益切身相关的制度中，新职称制度、教师资格证国考制度的满意度较高；绩效工资制度、轮岗交流制度认可度较低；评价制度和奖励制度则对教师影响不是很大，但是有很大的改进空间。

目前深圳市教师工资水平在深圳市处于中等水平，任何对教师经济方面有负面影响的制度都会引起教师抵触，因此教师们对影响自身经济的制度都持谨慎态度；而对自身专业上升有帮助的新职称制度和有可能提高教师社会地位的教师资格证国考制度则大多持乐观态度；评价和奖励制度，对自身经济和专业提升方面影响都不是很大，教师们一般都保持开放的心态。

1. 绩效工资制度

从受访者的访谈资料中发现，老师们对绩效工资制度的反响不一。受访教师中有20%的教师明确表示对绩效制度满意，40%的教师表示对绩效制度不太满意，其余教师表示中立或者不清楚。通过对访谈资料的整理，笔者将影响教师对绩效制度的看法的因素分为绩效制度自身特性和绩效制度的实施两个方面。

10位教师在谈到绩效制度对自身的影响时，认为工资再分配无法体现多劳多得。目前深圳市绩效工资是从原来教师的基本工资中按比例抽取一部分，集中到一起作为绩效工资；而绩效工资的分配方式则是按照教师获得绩点的高低来进行计算。一些教师认为绩效制度不公平、无法体现工作量、无法达到绩效初衷，因此对绩效工资制度有负面情绪，对工资制度改革的满意度也随之降低。

教师 YSB：在学校的底层，教师们对绩效工资制度的诟病很多。绩效工资的初衷是实现多劳多得，但是实际情况是多劳未必能够多得，因为教师的很多工作无法量化，而绩效评价的标准都是量化的指标。

教师 LJS：绩效的来源，需要好好考虑。将教师的钱拿出来，再重新分配，会引起部分教师的心理不平衡。“能者多劳”，年轻教师会占优势，年老教师就会产生这种心理——自己的钱给了别人。希望考虑新绩效工资来源，更能激励教师，体现能者多劳，多劳多得。

教师 QY：绩效工资制度并没有体现出多劳多得的原则，没有体现出公平性，绩效工资制度不能向一线教师倾斜，不利于教师的积极性。我的工资感觉还可以，但是生活压力还是蛮大的，整体来说，绩效工资制度的落实还是存在问题的。

但是也有教师认为绩效制度可以体现多劳多得，自己的工作量可以用绩效的点数来体现，在学校的其他职务可以换算一定的绩效点数，也对绩效制度的实行表示理解，但他们同时认为绩效的差距并不是很大。

教师 WJM：我觉得这样也是相对公平吧，我们学校的绩效主要和职称以及课时挂钩，上的课多，绩效更高，有点多劳多得的意思。

教师 LQP：比较好，能够体现教师的工作量和工作效果。自己的行政职务也会有相应的工资补助。不管评价怎么实施，一定要能体现出教师的工作量和工作业绩。

教师 LQL：我能理解国家、政府制定绩效工资制度的目的，但实际上教师之间的绩效差距并没有很明显，都差不多。如果差太多的话，老师们之间也会有矛盾，所以校领导权衡各方面，就会制定一个差不多的数字作为绩效工资。班主任的工资是有体现的，比普通教师高一点。

在访谈中我们发现，绩效体现不明显和对教师的激励效果不明显，是导致教师对实行绩效工资制度不满意的两个主要原因。

绩效工资制度实施过程中需要对教师的工作量进行量化，教师在工作量的量化上有很多疑问，目前常见的量化方式是用满课时量来计算工作量。有教师认为工作量是不能仅仅靠课时量来评定的，在学校里耗费的心血和花的时间是看不见的，无法量化的；职称不同和兼任职务不同的教师，满课时量的课时数不同，这对普通教师不公平。

教师 MYT：有一些人的工作量不等同于课时量，比如一些老师只上三节课，但是负责的其他工作远远超过其他老师所承担的工作，比如信息技术老师，信息技术老师的课很少，但是要负责学校的信息化建设、管理、运行、维护、网络，这些工作是非常庞杂的，但是学校只折算一点点工作量，甚至有的学校是不折合工作量的。

教师 LYW：学校从教师工资里面抽出一部分作为绩效工资，老师们对此也有很多不满。不同的科目、不同层次的教师的满课时工作量是不同的，比如一个中层干部 10 节课满课时了，但是一个普通教师必须上 15 节课才是满课时量。所以有的时候上课很辛苦，却拿不到全部的绩效，有点心酸。

绩效工资制度设立之初，就是为了调动教师工作的积极性，提高教师业绩和上课效果，但是实际施行却并没有体现出明显的激励作用，教师没有感受到绩效制度带来的效果。更有少部分教师认为教师是教书育人的良心职业，如果使用企业中的绩效来考核老师是对老师的不尊重，也会使得教师职业原有的精神丢失，变得功利化。

教师 OYJ：绩效改革肯定有它存在的理由，但是绩效工资制度对教师的激励和促进作用也不明显，而且有部分人对绩效工资制度有些怨言，我觉得绩效工资的改革，方向是对的，细节的部分还有待检验，需要在实践的过程中去完善。

教师 ZYM：我不太满意。绩效工资制度更多的是教育行政部门、学校管理层单方面的评价，老师本人发不了声，教育部门也不会问老师的想法。既然是绩效制度，就要有业绩和效果，但是现在的制度并没有效果。

教师 RJ：不了解我们学校的绩效工资，但我们学校是很公开透明的。不过我也支持取消这种绩效制度，做好教师自己的事情就好了，这种制度就让教师职业变味道了。

2. 新职称制度

大部分受访教师对新职称制度表示满意，只有 6 位教师明确表达了对新职称制度的不满。教师对新职称制度的“满意”主要体现在评价的公开透明、对教师评价准确以及对教师的激励作用三个方面。不满意的教师则对新职称制度在评定的具体细节、指标分配方面存疑。同时，教师普遍认为，评定职称权力下放对学校而言，压力太大。通过对访谈稿的整理，笔者将影响教师对新职称制度态度的因素总结为评定的公平性、评定的方式、评定的指标分配三个方面。

根据《方案》中的要求，对教师的评价来自学校、家长、学生等多个方面。大多数教师认为新职称制度由学校直接评定，校长、领导以及教师之间比较了解，这对真实评价教师的师德、教学能力、业绩等方面是好事；评定的过程全部公示也体现了评价的公开、透明性。

教师 ZJS：新的职称制度将指标分到学校以后也有好处，过程更加透明化，条条框框的细则也很清楚。市里的评委对老师们不了解，完全凭资料、面试时的表现来判断，也有人会找点关系。现在分到学校以后，学校会进行公示，增加了教师们对过程的了解。但是权力放到学校以后，校领导们也很头痛，会有很多问题。

教师 MDL：我觉得现在的职称制度是好的。之前评职称是很难的，要看教龄、论文发表情况等，但评审人员并不真正了解教师。新职称制度，把权力放到学校，老师们之间比较了解，而且学校评价是多方面的，对每位老师都更加公平。

教师 LQP：我认可现在的职称制度。学校更了解教师的整体情况。对于教师来说，新的职称制度更加透明化了，让教师觉得比较公平，但是认为学校校长的压力增大，例如，具体的评价细则要由学校来最终确定，评分的设定也要进行认真的考虑。

有教师和教研员认为，虽然同一学校的教师评定职称相对公平，但是对于不同学校的教师来说是不公平的。每个学校下发指标，但是不同学校的师资是不同的，在不同的学校竞争的压力也会不同，评上职称的教师质量也不能保证，长期来看不利于教师队伍质量的提升。

教师 LYB：新的职称制度下会产生一个严重问题，对于历史悠久的老学校来说，由于高级职数有限制，即使学校拥有职称评定的权力，就算评为高级教师还是不能获得聘任，而对于一些新建学校来说，一些年轻的教师很容易就能评上高级教师而且还能获聘。

教研员 YM2：比如学校有 4 个副高指标，但是按照省里标准，所有老师都没有达到标准，但校长又不想浪费这 4 个指标，给其实不够资格的老师评了职称，就降低了对副高职称的标准，质量就没有保证了。再者，比如一个学校只能有 20 个副高职称的老师，评了 20 个副高以后，年轻教师必须等这些评上副高的教师退休后才能去评，这么看来是压制了年轻人。新的职称制度看上去很好，但是深究又有很多漏洞。

深圳市中小学实行新职称制度以来，学校参考《方案》中的要求对参评教师进行考核。相比之前在教育局评定的繁琐，在学校评定流程更加简化，对忙于日常教学的一线教师来说，节省了没必要浪费的时间和精力。

教师 QYJ：在小学，以前获得“高级”职称的一般都是校长，但是现在，机会出现在教师的视野中，所有的标准都成为教师努力的方向，只要肯努力，达到了这个标准，就有机会参与评定。此外，在职称新制度的背景下，全校老师都有机会了解职称的评定要求，也能让更多的教师了解到自己是有机会参与职称评定的，使得教师们更积极。

教师 HZH：将职称评定的权力下放到学校，老师评职称的可能性更大了，而且分配到学校的职称名额会更多。由教育局评定职称的程序比较繁琐，而且在学校老师们都互相了解，评定更加便利。

在评定的方式方面，也有部分教师持有不同看法。很多教师认为新职称制度本身是好的，是进步的体现，但是由于教育局只是下放了权力，却没有制定与之相对应的评价细则，导致在具体操作上仍然参考以前的细则进行评定，没有体现新职称制度应该有的态度和理念。

教师 XSY：评选职称下放到每个学校，每个学校标准不一样，因为这是学校自主决定的。有学校还用以前市里面的标准，可能有些改动，但还是以它为主，新职称制度还是更倾向做研究的和发论文的老师，大学、教育部都说要改善专注于教学的老师的待遇，深圳市的新职称制度改革我没有看到往这方面靠拢，还是沿用这种学术性的标准。

教师职称指标主要体现在两方面，一是学校指标分配，二是学校内学科指标分配。学校指标分配存在两种声音，一种声音认为职称指标变多，评职称变得更加容易；另一种声音认为指标没有增加，评职称反而变得更难了。采用新职称制度后，职称指标按需下发，有的学校每一级职称人数都不够，评定起来就更加容易；有的学校相应的职称人数满额了，评更高一级职称需要等老教师退休才有空缺，评定起来更难了。学科指标分配主要指目前校内评定职称更倾向于主课教师和老教师，小科目和年轻教师评职称变得更难。

教师 LQL：总体来说新的职称制度比以前好，但是指标的分配难以均衡。对我来说没什么关系，因为我已经过了评职称的阶段了，对年轻教师来说的话，大家反映不如以前。以前只要有指标就可以评上，现在是我们学校有指标才可以。

教师 YY：我现在是中级职称，学校评职称我的分数是比较靠前的，但是因为老教师很多，只要老教师还没有被评上高级，那我们哪怕继续教育一直上，发表很多论文，做很多工作，还是评不上，按资排位，这个评职称确实是一个很头疼的问题，还是比较僵化，我们要等这些老教师评完，我们才有空位。

教师 BLQ：公平公正都是相对的，还得看有多少指标，门槛本来就很高，教龄也好，班主任也好，优秀先进也好，定的标准我都达到了，但是学校名额是有限的，这种矛盾没办法解决啊。而且评的时候也是领导优先，再就是主课老师，其他小课的只能慢慢地用年龄换职称。

3. 轮岗交流制度

深圳市为响应国家的统一部署，积极开展优秀教师轮岗交流活动，其主要目的是促进教育均衡，以期缩小不同地区、不同学校的教育水平差距，共享优质的师资力量。

在访谈资料中，一半以上的教师对轮岗交流制度表明了自己的态度，其中 13 位教师表达对轮岗交流制度满意，11 位教师表达了不满意；另外 18 位教师表示对轮岗交流不了解或者没有表明自己的态度。深圳市目前轮岗交流方式比较常见的是支教和区之间的轮岗，时间多为一年。综合分析受访者对轮岗交流制度的满意情况和看法，笔者发现教师对支教意见较为统一，认为支教这种方式可取；但是很多教师不支持区内轮岗。笔者将影响教师轮岗交流制度满意度的因素分为轮岗交流的效果和教师个人因素两个方面。

对轮岗交流制度表示满意的教师认为，轮岗交流对促进教育均衡发展有一定作用，可以将原来学校的优良传统和好的教育理念带到其他学校；与此同时，有教师对轮岗的效果表示了担忧，主要包括轮岗的时间短、人员少，无法达到预期的目的等。

> **教师 LYW**：任何一项政策或者教育理念要有效果，都是需要一段时间的，一年的时间有点短。个人的力量想要影响一个学校的整体环境的话，需要这个老师有巨大的能量，这是很难实现的。要尊重老师的意愿，想去的老师可以适当延长去的时间。
>
> **教师 WJM**：轮岗出去的评定教学最后结果的变化，那需要比较长的时间，而且老师必须是卓越的、有资历的老师，有开展教研活动能力的老师，这样不仅仅改变一个班级，而且可以带动一批老师，比如学科带头人。
>
> **教师 OYJ**：区内的交流一般来说是一年的时间，有的交流后就回来了，有的就干脆不回来了，如果老师觉得轮过去的那个学校更适合自己，就留在那里了。但是一个人去轮岗，能够改变多少呢？轮岗的效果是值得商榷的。轮岗的想法是有道理的，但是实施的效果并不理想，我觉得如果想要达到预期效果的话，就不应该是一个人轮岗，而是某一个科目的老师，这样可能更容易达到想要的效果，一个人的影响是杯水车薪的。

在不满意轮岗交流制度的教师中，有 9 位教师认为轮岗并没有真正做到优秀人才的交流，而只是流于形式，很多学校都是区之间的教师轮岗一年就回来了，没有给对方学校带来很大的改变；也有教师认为没有评价和实施的细则是导致效果不理想的原因，轮岗教师没有带着使命和任务来到轮岗学校，只是换个地方工作而已，没有实际的区别。

教师 GSQ：我觉得轮岗交流是一种形式，不太实际、作用不大，没有必要再继续。学校校长不愿意把优秀的教师交流出去，所以轮岗交流制度完全没有达到效果。至于轮岗交流有没有意义，需要相关部门来评估。

教师 LJS：个人不认同轮岗交流制度。为了教育均衡，这种方式治标不治本。首先，教师在本校优秀，但是换到另一个工作环境、工作氛围，可能会出现不适应，反而不能发挥优秀教师的作用。换句话说优秀教师不一定是绝对的优秀。其实质问题是，要想实现教育均衡，不是靠一两个优秀教师的轮岗交流来实现的，教育均衡真正需要做的是，提升教师队伍的整体素质，包括优秀师资的引进、经费的投入、提升教师的经费待遇、提高教师门槛等。并且，短期的交流，基本上也不能达到理想的改善效果。

教师 YY：要有真正的细则，现在没有评价制度、没有激励制度、没有明确的要求，教师们不明白他们的职责和要起到的作用，那如何细节地去评价他们？现在这些都一团模糊，老师只是听从学校和教育局的安排，换一个地方工作一年，回来照旧，所以起到的作用并不大。

相当一部分教师认为轮岗应该考虑教师的实际情况，需要考虑对班级的影响和对家庭的影响以及个人的意愿。教师们对区内轮岗参加的积极性不高，认为实际效果差；但是支教岗则是热门选择，很多教师想去都因为名额限制去不了。

教师 CMM：我了解轮岗交流制度，我们学校有人报名了，但是对方没有老师过来。我挺支持这种制度，但是学校或教育局不能逼老师去，因为有很多老师不方便，住得远的就不愿意过去，我们学校连续两年的轮岗也没换成。

教师 LYD：我不是很支持轮岗，因为教师到新的地方，要重新适应新环境、新学生、新同事，对老师是个挑战。我接受不了这种做法，感觉自己的生活都被改变了，如果去了一个更远的学校，每天花在路上的时间太多，就会影响工作，我觉得还是稳定一点好。

支教是另外一种轮岗交流形式，由于名额的限制以及带来的附加影响，很多教师愿意参与，有教师认为支教对自己个人专业发展和缓解倦怠感都有正面的影响。

教研员 TXY：教研院每年都会定期组织教师去新疆喀什支教，老师们的反应都很积极，都很愿意去，因为去支教的名额有限，全市就遴选几个人，而一旦被选上就说明这位老师的政治觉悟高、能力水平也很强，是以后能够作为培养对象的。

教师 XSY：对我们小科目来说，机会是很少的，通常轮岗需要的都是语数外老师，我们轮岗机会比较少。轮岗的很多地方都买不起电脑，一个学校只有一两台电脑，对我们信息技术老师的需求基本没有。对老师本人来说还是有提升的，我们学校以前有个轮岗的老师，现在也上了行政级别，年纪也不大，前几年去支教的。还是蛮不错的，据我所知好多老师还是想去的，因为这边年轻老师比较多，很多老师都想出去锻炼一下，好多老师想去都去不了。

4. 教师培训制度

受访教师有一半以上对目前的继续教育制度表示不满意，不满的主要原因在于学时太长、培训时间安排不合理、培训内容没有针对性、培训效果不明显等；对继续教育制度感到满意的教师大多认为，培训可以拓宽自己的视野，也可以缓解教师在专业上的停滞现象。

大部分教师认为一线教师的教学压力很大，没有足够的时间参加继续教育的学习，继续教育对他们而言负担过重。而且深圳市各区之间距离很远，教师们除了要花时间在培训上，还浪费了大量的时间在路上。

教师 LJ3：对于每年 72 个学时的继续教育，我认为本身教师就应该学习，但是目前教师的工作量较大，时间有限，所以不是很接受这个情况。但有迫于评职称等事物的需要，大家还是没有太大的抵触心理。如果教师能有足够的时间，那么培训效果会更好些、培训的意义也会大一些。

教师 HJ：如果每周去市里上课，九点钟开课，要赶车，如果在宝安上课，我们路上都要一个半小时。等到那里都快十一点了，签个到，然后吃午饭，下午再签个到，就可以走了，回来还要一个多小时。深圳市区域太大，我们高中老师，上了一个星期的班，我们科目还好，但是主课老师又早课又晚修，好不容易放松一下，大清早还要去市里听课，没有人会受得了。

受访教师认为，继续教育培训尤其是远程培训没有针对性，流于形式；同时认为，讲座类培训的内容偏理论，对自身教学促进作用不大，更喜欢一线教师主讲的公开课等，更多地关注教学技能方面。

教师 RJ：我参加过的培训，内容有特色英语、未来式教学、高效式课堂等，也会有实践活动，每次会请一些国内国外的专家给我们上一些课例。我觉得从我们老师的角度，培训既然占用了老师的时间，对我们老师有帮助是最好的，所以我觉得现在的老师比较辛苦的还是跟家长、学生沟通，希望在这些方面学习一些东西。还是一些指导性的、实践性的、可操作的培训比较实际一些。

教师 YHT：我觉得这些培训没有用，很多理论性的东西在学校读书的时候已经学过了，现在到了岗位上应该更关注教学技能的问题。

教师 LCH：教师培训可以更加落实实际操作的内容，提高有效性。培训的理论很重要，但是可以适当地轻理论而重实践，实际操作对一线教师更有效。教师们会对一些培训不感兴趣，应付的成分较多。以我教学的语文来看，教学模式的作用不大，语文是教无定法的。

同时，受访教师中有的认为，远程培训方式是很好的，可以缓解地域和时间上的矛盾，但是培训的课程建设有问题，课程质量不高。

5. 评价和奖励制度

通过对访谈资料的分析，在问到奖励制度时，教师一定会说到产生获奖名额的方式，因此可以认为评价制度和奖励制度是联系紧密且相互关联的。深圳市目前在教师评价参考指标方面总体来说还是比较合理的，包括教师业绩、自我评价、同事评价、学生和家长的评价等多方面的评价。在影响教师对评价制度的满意度因素方面，教师们普遍表示评价制度比较全面、公平，评价制度本身没有问题，但是在评价的具体操作过程中会有一些存疑的地方，通过分析访谈资料中教师们的回答，笔者发现目前主要的问题是评价标准难以量化。

虽然目前采用多方评价对教师进行考核，但是评价的标准没有明确的规定，除了学生的成绩，其他的评价指标都存在细节量化不足的情况。有教师也提出要关注过程性评价，关注教学中稳扎稳打、没有太多突出业绩、但是认真工作的老师，这类老师也是很值得褒奖的；也有教师表示学生和家长的评价有时主观因素太强，造成评价不客观。

教师 HYS：我建议多关注默默无闻的老师，有些老师属于默默做事的类型，不一定会拿到奖，但是在教学工作中做得确实很扎实，几十年如一日把重复性的工作做得很好，这类老师也应该是值得褒奖的。现在很多评优评先都是关注你有没有闪光点，有，你就是 A 类，如果你只是平实地完成了你的工作，就只能是 C 类。

教师 WJM：现在的评价虽然要求是全方位的评价，但是最后还是以学生的成绩作为评价的标准，学生的成绩有时候和老师关系不是很大，有的学生就是教不好，花再多的心血，也教不好，每位老师也是不同的，如果抓住成绩这一点就说这个老师不好，我觉得对老师也是不公平的。

教师 ZYM：现有的问题是学生和家长评价的客观性，学生是未成年人，他们评价的客观性有待商榷；家长是非专业的，往往会用道德来评价老师，也是不科学的。建议引入第三方的评价机制，希望对教师的评价能更加客观、慎重。

目前深圳市设置了很多奖励，例如每年的评优评先，包括优秀教师、优秀班主任等，对于精神奖也会给予一定的物质上的奖励。在谈到奖励对自身工作的影响时，80%以上的教师认为奖励对自己有激励作用，但是对后期的教学工作没有很大影响。老师不会为了奖励而去认真工作，不会刻意追求奖励，也不会因为没有得到奖励而消极怠工，都是以一颗平常心看待，不管获奖与否，都会努力地工作，踏踏实实、认认真真做好本职工作。

教师 BLQ：到了一定年龄之后并不是很看重这些奖励，奖励是要有的，但奖励只是外因，反正老师最重要的是要做好自己的教育教学工作，但我们不能被这些奖励吸引，为了奖励而工作，而且现在各种奖励设置有很多，天天给的话就太幼稚了。

教师 LQP：有教坛新秀、优秀班主任、模范教师、优秀教师等。不会很在乎荣誉或是物质的奖励。但是奖励的获得会在一定程度上激励自己，感觉自己能够被人认可。

有时候受奖项名额的限制，学校考虑到每位教师评职称的要求，会做出不能连续评优的规定，导致一些很优秀的教师无法获得自己应该有的奖励。有教师建议开放奖励的名额限制，完善评价的体系、细化评价标准，只要达到优秀的层次就给予奖励，虽然教师不会刻意追求，但这也是对自身教师工作的认同。

教师 LCH：建议奖励的面要更大一些，现在的比例太小。同时，还可以分很多层级，使奖励的面更广一些。在现实生活中，就发现有些老师真的很优秀，但是因为名额有限而没有评上。

教师 QYJ：省、市、区都设有优秀教师、优秀班主任等奖项。就目前的情况来看，认为比较合理。但是可能考虑到学科的问题，奖励的名额会分配到各个学科，所以，一些教师尽管很优秀，但是因名额有限而不能得到奖励，也会有一些消极的态度出现。获奖后，对自己没有太大的影响。因为自己不是以获奖为根本目的，不管是否获奖，都会非常努力地完成自己的教学工作。获奖后会感觉到自己的努力得到了认可，在一定程度上，会更加努力地工作。但是，如果一直没有获得奖励，那么教师自身的积极性会受到打击。

6. 教师资格证国考制度

2015 年，教师资格证实行国家统一考试，按照高考要求组织考试。在 42 位受访者中，只有 4 位受访者明确表示不支持教师资格证国考制度。不支持的理由可以概括为两个方面：非师范生没有受过系统的专业化培训，也没有经历实习阶段，统一国考后反而不利于教师队伍的提升；对在职老师教师资格证的五年一审核是对教师的不信任，打击了在职教师的积极性，资格审查应该设置一定的年龄限制。

教师 ZJS：别的专业的很多学生都来考老师了，国家投入大量的人力、物力资源培养的师范生可能考不到教师资格证。非师范专业的学生没有受过系统的专业化培训，没有经过实习阶段，对学生是不负责任的，对学生的发展是有影响的。教师对师德的要求是很高的，这是不可取的。

教师 ZYJ：我觉得对非师范类想考资格证的人还是应该把门槛设置得高一点，毕竟师范类学生一直学习的都是教学方面的内容。对在职的教师实行五年一审核反倒是对教师积极性的打压，感觉对教师特别不信任，应该对那些真的工作不积极的老师会有审核，而不是所有的老师。

大多数老师支持教师资格证国考制度，部分教师认为非师范生步入教师行业，丰富了教师队伍的专业，有利于提升教师队伍的整体水平，不过在教师资格证国考制度的落实上，要注意实践能力的考察，要提高教师行业的准入门槛。

教师 CM：教师资格证国考当然是好的，更专业了。我了解了一下教师资格证的国考面试、笔试、说课、试讲都有，考取教师资格证的教师的专业素养较高，可以更快进入教师角色。他们这样的年轻老师，作为新鲜血液加入教师队伍，也是挺好的。教师资格证国考也设置了一个门槛，不是谁都可以当老师的。

(二)个体教师专业发展情况

1. 促进教师专业发展的主要因素

通过对访谈资料的分析，可以将促进教师专业发展的因素归纳为内部因素和外部因素两方面。

促进教师专业发展的内部因素，即教师的内驱力，是教师对个人发展的追求。内驱力是教师专业发展中最主要的因素。教师的自我发展意识、职业认同感、成就动机、生涯规划等，从根本上影响教师专业发展。如果教师没有自我发展意识，就不会有教师的职业理想与奋斗目标，也就很难有教师的自我潜能挖掘，就不可能迅速成长。

教师 LJS：内因和外因吧。内因基本为个人的精神追求，自己对职业的认同以及生涯规划；外因就是学校可以为教师提供专业发展好的平台。同时教师自己要有悟性，考虑如何做一名优秀的教师。

教师 LYD：我觉得促进我发展的因素就是自身。因为我一直很想当老师，我很喜欢这份工作，我很享受跟学生在一起的时间，在教学过程中能够得到学生的认可，我觉得就是内在驱动力促进自己的发展。

教师 QY：我觉得促进教师专业发展的因素分为内因和外因，

内因是主要因素。教师专业发展主要是个人的自我需求，是自己想要做好，是自我发展的要求、自我实现的需要。

外部因素则包括社会因素、学校因素和家庭因素。社会经济文化的发展水平，社会对教育与教师地位与价值的认识，教育行政部门对教师培养和发展的政策导向、奖惩机制等，都会影响教师的专业发展。

教师 LXJ：我觉得促进我专业发展的主要是我对自己的要求，时代对教师的要求，以及学生对老师的要求。

教师 LQL：一是工资，另一个是奖励。奖励设置要大额，对教师有充分的吸引力，金额太小没什么作用。

学校是教师进行教育教学工作的主要场所，是教师专业发展的主阵地。学校的自然环境、人际环境、工作氛围、学生等都会影响教师的专业发展。校长的教育理念、处事方式会对教师专业发展产生很大的影响，有老师说，一个好校长就是一所好学校。同事，尤其是有经验的老教师，对于教师的专业发展，尤其是新手教师的发展，是有极大的促进作用的，师徒结对也是促进教师专业发展的方式之一。也有老师觉得学生是促进自己专业发展的主要因素，学生感情上的反馈会成为前进的动力。公开课、说课比赛等都对教师的专业发展起到了促进作用。

教师 ZYM：外因更多的是校长，一个好校长就是一所好学校。校长的育人理念、对人的定位，有自己的教育理念，一定是个好校长。优质的学校，好的教育理念、教育管理是很吸引我的。我很喜欢我们学校，我们的校长也很受老师们欢迎。学校的发展理念，跟个人的发展理念是契合的，这是非常重要的。

教师 LJ3：在是新手教师的时候，市级、区级的说课比赛、上课比赛等都有规定说，35 岁以下的教师必须参加，开始时觉得有些抵触，但是现在回想起来，参赛的时候，认真备一堂课，认真钻研、推敲每一句话，其实就是在认真反思自己的教学。经历过几次这样的准备比赛的过程后，自己对于课程的想法就会不一样了，而且在准备过程中，有经验的教师会提供指点，对老师的专业发展会起到非常大的促进作用。

教师 LJ1：我觉得对我个人来讲，促进我专业发展的主要因素是学生，教学相长，我在和学生的交流中会有一些感悟。每一年学生毕业聚会，我们交流时讲到一些以前的事情会比较有感触，比如当时上课最喜欢听老师讲什么，毕业后发的短信，毕业的学生写的留言册，我觉得很感动，有的时候晚上睡觉前会拿出来翻一翻、看一看，他们的感情很单纯，这些都会变成我的动力。

家庭是分散教师教育教学精力的主要方面，女教师的怀孕生子会影响教师的专业发展，教师会将重心偏向小孩。也有教师认为，家庭会促进教师的专业发展，家庭会促使教师不断学习。

教师 HJ：我觉得与我们女教师生育是有关系的，一般从怀孕到生孩子，这中间有两三年的时间，重心更偏向自己小孩，这对自己的教育事业是有影响的。

教师 ZYM：这个时代也要求我们不断学习，家庭也需要我们不断学习，教师的行业必须要发展。

2. 对教师专业素养的认识

从访谈资料来看，深圳市中小学教师对《中小学教师专业标准》的了解较少。在 42 位受访者中，仅有 3 位表示了解，其中 2 位是因为学校要考试，1 位老师表示是在培训中学习过，大部分老师表示听说过，但没看过。2016 年 9 月 12 日，龙岗区结束了主题为“中小学教师专业发展标准解读”的培训，这是龙岗区有史以来规模最大的一次教师集中培训。而龙岗区访谈进行的最早时间是 2016 年 9 月 27 日，仅有 2 位老师表示学习过《中小学教师专业标准》。

教师 HJ：我们曾经考过《中小学教师专业标准》，有一百道选择题。

教师 YQS：听说过国家颁布的《中小学教师专业标准》，但是对它的具体内容不是很了解。

教师 JQS：听说过《中小学教师专业标准》，但是没有记住详细内容。我们出去培训的时候学习过标准，老师们一般也都能满足这些条件。

在访谈中，访谈组将提前准备的《专业标准》交给受访者快速浏览后，大部分老师都对《专业标准》中的内容表示认同，认为《专业标准》中的内容很全面，是对教师日常行为的总结，对教师的专业素养，也都是从师德师风、专业知识、专业技能等方面进行总结；也有老师认为《专业标准》内容空洞，不能与教学一线相结合。

教师 LJ1：我没有看过《中小学教师专业标准》，我觉得教师专业素养应该包括思想道德方面、知识、大学时形成的专业素养以及工作教学中提升的能力，我觉得大概是这些。

教师 MDL：我之前没有了解过《中小学教师专业标准》，我主要关注一些专业方面的东西。对于这些标准我没有不认同的，但有些操作起来比较困难，比如共青团系列工作，班主任之外的其他老师可能都不清楚。个人感觉这份标准比较空洞，有些方面没有与我们教学一线相结合，这些材料一般老师就直接丢掉了。

《专业标准》是对教师职业的要求，但是对教师的爱心、责任心、耐心等很难进行评定，缺乏评价机制。也有老教师认为现在年轻教师的工作态度有待加强，年轻教师的教育教学策略亟待丰富。

在访谈者对新型教师的概念进行说明后，大部分老师认为除传统的教师专业素养外，新型教师应该能与时俱进，能够接受新的教育理念，具备信息化教学的能力，具有国际视野，具备终身学习的能力，成为立体化、多面性的全能型教师。

教师 YY：新型教师要有一个国际视野，能够借助一些新兴的教学辅助手段，引用一些多媒体的音像视频，把课上得更加生动、直观、形象。同时也要多上网，了解一些与时俱进的东西，一些新的教学方法、新的理念、包括现在不断出现的一些比较典范的学校，它的一些理念，教学模式等等，所以要有更开阔的眼界。

教师 HZH：我觉得新型教师首先应该是社区型的教师，也就是要了解社会上的相关知识和事件，不要局限于课堂和所教的科目。新型教师基本上要是一个全能型的教师，同时也要是有服务意识的教师，协调家长、学校、社会；然后，新型教师要有以人为本的思想，改变传统的教育观念和教学做法，将心要着眼于孩子发展的创新性上，要考虑在国际化大背景下将孩子培养成什么样的人，但是万变不离其宗，促进学生成长和发展的最基本要求是要有爱心，爱教师这份职业，甚至是事业，同时要爱学生，老师对孩子的爱他们能感受到，而且学生会用行动回报你。我觉得要多鼓励孩子的一些好的行为，对学生多一点爱心，这能帮助他们变得更好。

3. 教师职业倦怠感和工作压力问题

在 39 位教师中，有 23 位教师现在有职业倦怠感，其中，小学教师 8 人，占小学教师的 50%；初中教师 7 人，占初中教师的 63. 64%；高中教师 8 人，占高中教师的 72. 73%。三位教研员觉得教师普遍存在职业倦怠感。由此可见，高中教师的职业倦怠感最严重，小学教师的职业倦怠感相对较好。

从教龄来看，教龄在 5 年以下的新手教师，都没有倦怠感；教龄在 6～10 年内，66. 66% 的教师有职业倦怠感；教龄在 11～15 年内，44. 44%的教师有倦怠感；教龄在 16～20 年内，50%的教师有倦怠感；教龄在 20 年以上的教师都有倦怠感。新手教师刚刚步入工作岗位，能够保持对教学工作的积极性，因此没有倦怠感；熟手教师，甚至专家型教师，没有倦怠感的是源于对教师工作的热爱、对学生的爱、工作被认可以及工作岗位的变更。

教师 XWJ：我从教时间比较短，先后又教授不同的科目，所以目前没有职业倦怠感。

教师 LYD：我还没有倦怠感，因为我比较喜欢现在的工作。

教师 OYJ：我基本上没有职业倦怠感，因为每天工作都很有意义，又得到了家长和学生的认可，有成就感。

教师 MYT：我没有倦怠感，因为 2003 年我先到了塘朗小学，2007 年就被教育局抽调，来参与南山现代化教育先进区域评估，主要负责南山区城域网建设，2009 年去了南山外国语学校，从区域到学校都来不及倦怠就换了新的位置，到了学校就负责具体的教学工作和学校的信息化建设，还没有等到要倦怠的时候，职位又被调整了。

熟练教师在达到自己既定的水平或层级后，职业倦怠感主要来自于两方面：重复性工作导致动力缺乏以及与教学无关的工作量大。

教师每天面对相同的工作流程、相同的教材、相同的教学内容等，尤其是有些教师要带七八个班，每天面对单调的工作，就没有新鲜感，已经失去了自我提升的要求，没有了专业发展的目标与动力。

教师 CM：倦怠感肯定是有的，有时候学校要求我们连续带初三的学生，每年重复做相同的事情，就没有什么新鲜感。

教师 ZJS：我刚做教师的几年很有成就感，现在已经没多少成就感了。我对教材已经太熟悉了。

教师 LCH：我本身也有职业倦怠，现在已经没有动机了，没有新鲜的理论，而且太累、太辛苦了。

教师每天都要花费很多时间去备课、讲课、批改作业，现在班级人数也不少，教学工作已经很辛苦了。而且教师每天还要面对更多的与教学无关的任务，班主任工作的工作量也很大。

教师 QY：教学本身不累，而是教师心累，现在形式化太严重，教师忙于事务而疏于教学。

教师 ZLH：有过职业倦怠感，工作到第五年的时候，当了教科室主任、信息处主任，还做任课老师，兼任一些课题，所以就有很多事情，搞得我很烦躁。

当然，教师职业倦怠感的来源也有别的方面，比如奖励制度和薪酬、社会认同感低等。

教师 LJ2：我的倦怠感主要是来自一成不变的奖励制度和薪酬的不公，十年没有给老师加过工资，也没有给公务员加过工资，经济压力很大，无房的年轻老师压力很大。

教师 QYJ：教师的付出和所得不匹配，不能成正比。其实，教师的社会认同感有待提高。举个例子，前段时间，学生在秋游过程中给老师打伞的一幕被拍下来传到了网上，舆论的打压使得这位教师几乎做不成教师，更有身边的同事，因此害怕学生为自己打伞。

深圳市中小学教师的工作压力很大，据访谈资料显示，在被访谈的 39 名中小学教师中，仅有 2 位表示没有压力。教师的压力来源主要分为个人发展、教学、班主任工作、学生安全以及经济等方面。

教师 HZH：另外，老师的工作不仅是面对课堂和学生，还要协调学校各部门，同时还要进行能力提升，我们每天都很忙碌。所以，我们的压力主要来自教学，班级管理，还有经济方面。

教师 LYW：工作压力也是有的，主要还是在教师行业里对自己有更高的要求，而且我这个年纪了，很多人可能都已经是学校的中层了，自己的压力就会很大。专业发展方面包括参加一些继续教育或者培训等，都是很耗费时间的，还有日常的教学，和家庭的平衡，都是压力的来源。

4. 教师在专业发展层级提升上遇到的困难

在访谈中我们发现有 8 位教师觉得自己在专业发展层级提升上没有遇到困难，有一位教师是因为遇到的困难都能够自己通过各种方法解决，所以觉得没有困难。

教师 HYS：我没有在意这方面的问题，我这一路走来都挺顺利，没有什么困难。

教师 MYT：我觉得自己的学习能力是很强的，很多问题都是自己解决的，通过网络自主学习来解决，信息技术是一个小的学科，我的第一个工作单位，信息技术学科只有我一个人，所有的事情都是自己来处理，没有人能教我怎么做，我能寻求的帮助就是网络，自主学习。我认为自己愿意学，又能够利用身边的资源，例如互联网。

在新手教师阶段，教师专业发展上遇到的问题主要是教材不熟，经验不足，把握不了教材，掌控不了课堂。师徒结对是解决新手教师发展困难的有效措施，新手教师可以通过观察、模仿师傅积累经验，作为师傅的有经验的老教师也可以通过帮新手教师听课、磨课，带领新手教师走向成熟。当然，作为师傅的老教师要认真负责，新手教师也要认真请教，否则就会流于形式。

教师 LQL：作为新手教师的话，肯定是会遇到很多困难的，比如有些特别的学生很难应付，掌控不了课堂，有师父帮忙的话会好很多。看师父怎么做、怎么处理，可以作为自己以后处理事情的参考，我现在就是这么带实习教师的。

教师 YQS：作为新手教师刚到学校时会有老教师的“传帮带”，

对自己的成长有很大的作用和影响，但关键还得看新手教师自己是否认真对待这种“传帮带”，积极地与老教师交流和学习，而不是流于形式。这种“传帮带”对新手教师来说非常有必要。

经过新手教师阶段后，深圳市教师在专业发展上遇到的主要问题是职业倦怠以及班主任工作问题。当教师达到自己的既定目标，又在日复一日的重复性教学工作中产生厌倦情绪，没有动力时，教师职业倦怠是教师专业发展的主要问题。一部分教师认为多去听老教师的课，多与老教师交流讨论，可以在一定程度上缓解教师的职业倦怠感；还有老师会在产生职业倦怠感时换单位，换个新环境，给自己带来新鲜感，给自己带来专业发展的动力。

教师 YQS：在教学过程中会有一个瓶颈期，有一段时间很茫然，对教师职业“厌烦”了。刚接触教师工作时很兴奋，但是有段时间会倦怠，突然之间不知道该怎么上课了，过了这个瓶颈期之后就好了。而克服这个瓶颈期的主要方法是多和学校的老教师交流，多向老教师学习，多听课。

教师 ZJS：职业倦怠是我专业发展中的最大问题，所以我换了新单位，一切从新开始，把自己当作新人，听老教师的安排，给自己一些动力。

新手教师刚刚进入教师行业就担任班主任工作，对他们来说压力很大，教师在班级管理上花费了大量的时间、精力和心血，放在专业发展上的时间便会减少。对于熟手老师来说，班主任工作也会存在一定难度，特殊学生的处理是班主任最头疼的问题，这时，校领导与其他有经验的班主任的帮助尤为重要。

教师 CM：我刚刚毕业就当班主任，更多是觉得自己时间不够用。新入职的教师如果一边当班主任，一边还要兼顾教学方面，会把很多教学的时间都花在班主任的工作上。那段时间压力真的很大，想把自己的课上好，把自己的能力提高，但是确实没有时间也没有精力，在专业上发展可能没有那么多。我花了很多时间、精力在班主任工作上，自己的专业方面的成绩倒不是很突出。

教师 LXJ：我专业发展过程中最主要的困难是班主任工作的困难，比如在上一届的班级中，有两个学生是自闭症，有两个学生是狂躁症，班级管理的难度就非常大，学生家长也很难搞，他们比较倾向于国外的教育，所以有时候家长并不理解老师的工作，我就觉得工作起来困难很大。在我们学校的领导、德育处的老师的帮助下，最后慢慢地整顿得比较顺利。

5. 教研与协作情况

协作是教师应该具备的基本技能。目前，中小学教师协作最主要的方式就是集体备课。一般集体备课是每周一次，备课组的老师集体磨课，但备课组统一的时间很难找。此外评课、公开课、课题研究也是协作的主要方式。老师们都觉得现在校内的合作机会很多，且大多数是科组合作，也希望加强一下与其他科组以及校外的协作交流。

教师 LQL：我们学校教师之间协作的机会还是挺多的，每周都会有一次集体备课，定在周三或周四，大家一起磨一节课的机会还是有的，对年轻教师来说，这是一个很难得的机会，可以收获很多。但是备课组的老师集体找个统一的时间是很难的，大家事情都比较多。

教师 ZYM：与他人的协作，学科来说主要是与科组的教师协作，行政来说主要是与年级其他教师的协作，我们学校团队协作做得很好，我们学校的老师们很深刻地意识到这一点，学校也很有意识地在培养。但是我对与外界的协作还是有需求的。现在来说，跨出学校的协作太少了，与高校、与贫困一点的学校合作都很少。

至于课题方面，仅有10位教师做过课题主持人，且教龄都在10年以上。其他教师基本都参与过课题研究，仅有1位教师表示没参与过，日常教研活动就是听课评课。不过不管教研活动的形式如何，老师们都有收获。

教师ZYJ：我没有参与课题研究，我只是作为一个参与者参加听课评课的教研活动。我在听课过程中常常会想，同样一节课，我会怎么上，别人提出更好的建议的时候自己也会听，感觉又是一种提升，也能应用到具体教学中。

教师LJ3：在教研活动中，主要是参与者，在交流的过程中，会开阔眼界。

教师GSQ：教研活动比较多，课题有我自己主持的，也有和其他教师合作的，主持的较少，合作的多。教研活动对专业发展有促进作用，有些案例，对我们工作中遇到的问题会有所启发。

6. 大学对教师专业发展的促进作用以及需求

中小学教师与大学接触最多的是培训，有些培训的讲座是邀请大学教授来办的，有些培训是在大学里举行的。受访者普遍表示大学教师为我们提供的理论更前沿，但也太过理论化，与实际教学有一点差距，并不实用。

教师HJ：我们学校跟大学的合作主要是请深圳大学的博士来讲一些心理学方面的知识。我感觉大学的老师在专业课方面太理论化，并不实用。

通过分析访谈资料，发现只有7位教师与大学有课题方面的合作，大学教授丰厚的理论底蕴可以为教师的课题提供理论指导，将先进的理念与方法引入一线教学，有助于提高教学质量。不过也有教师表示，大学教师不在教学一线，与中小学教师的思考方式有一定差异。相比中小学教师，教研员与大学合作的机会更多一些，项目论证、专家进组、教材编写等都会与大学教授进行合作。

教师 LYB：大学教授对国内外最新的教育教学理念关注得比较多，与大学合作可以将这些先进的理念和方法引进一线教学，从而有助于提高教学的质量。

教师 LJ1：大学和中学合作这方面有待推进，大学缺乏实践、我们中学缺乏理论，我觉得结合一下，是有必要的，有利于教师的专业化，我们学校现在就有去西北师大学习的老师。

教师 LCH：我算有过和大学老师的合作，在理念上有冲击。

在合作需求方面，25.64%的中小学教师明确表示没有跟大学合作的需求。除了大学教授讲解的内容太过理论化，并不适用于中小学教育，对中学教学法指导没作用外，工作太忙、没有时间是影响教师与大学合作需求的主要因素。15.38%的中小学教师表示，想与大学教授合作，但是要看个人需求和时间安排。大部分教师还是期望与大学合作的，主要是想请大学教授指导论文写作，也有教师想要在职进修。

教师 MDL：我感觉自己现在没有跟大学老师合作的需求，一方面是自己平常工作太忙，另一方面感觉跟大学老师搭不上。我觉得大学教授太过理论化，他们并不了解实质性的课堂，我更希望能有在教学一线待过的大学教师给我们的课堂教学做实质性地指导。

教师 LXJ：需求主要看我个人当时的情况是不是需要，根据实际情况来决定。

教师 ZLH：我觉得大学教师可以作为我们的智库，为我们的科研提供一些指导。另一方面就是我自己有提升学历的需求，大学可以招一些在职研究生，让我们有机会提升一下自己，大学可以对我们这些在职的放宽一些政策，教育局可以提供一些学费资助，现在我要报考就不知道去哪里了解这些信息，如果一切都完善了，对于我们教师队伍进一步的提升还是很有帮助的。

(三)小结

1. 教师评价因素过于单一

在目前以应试教育为主的教育文化背景下，教师评价仍然是重结果、轻过程。在这种评价机制下，教师不得不大搞应试教育，努力提高学生的升学比例和考试成绩；由于评价与奖惩挂钩，使教师自觉或不自觉地厌恶和抵制评价，最后导致教师的专业信念日趋减退，在极大程度上削弱了教师专业发展的内核——专业自主和专业信念。

2. 培训制度不合理

深圳市中小学教师的继续教育学时要求达到72学时/年，但是对于老师们来说，学时太长，他们一般都是为了修够学时而去修学时。课程内容枯燥，针对性不强，尤其是远程培训，往往流于形式，对一线教师的帮助不大。另外继续教育的培训的时间安排一般都在正常上课的时间或周末，周末老师们希望得到休息，工作日老师要上课，所以时间安排不合理。值得注意的是，大部分老师都觉得校本培训的效果要优于其他形式的培训，校本培训也可以省去去指定地点花费时间多的烦恼。

3. 教师职业倦怠感严重

深圳市中小学教师职业倦怠感严重，有61.54%的教师有职业倦怠感，重复性工作导致缺乏动力以及与教学无关的工作量大是使教师产生倦怠感的重要因素。深圳市教师的工作压力大，94.87%的中小学教师觉得自己有工作压力，部分是来自专业发展的压力，也有来自班主任工作、学生安全等方面的压力。

第四章　深圳市新型教师专业素养培养的 SWOT 分析

第一节　SWOT 分析概述

SWOT，态势分析方法，由 Andrews 于 1971 年在《公司战略概念》一书中首次提出，是将与研究对象密切相关的各种主要内部优势、劣势和外部的机会和威胁等，通过调查列举出来，并依照矩阵形式排列，然后用系统分析的思想，把各种因素相互匹配起来加以分析，从中得出一系列相应的结论，而结论通常带有一定的决策性。运用这种方法，可以对研究对象所处的情景进行全面、系统、准确的研究，进而根据研究结果制定相应的发展战略、计划以及对策等。SWOT 分析法最初用于企业发展模式和竞争力评价，后来得到逐步推广，目前已逐步拓展并应用到各行各业的战略分析当中。

SWOT 分析法主要有以下三个内容：分析环境因素、构造 SWOT 矩阵和制定行动计划。

分析环境因素是运用各种调查研究方法，分析出组织所处的各种环境因素，即外部环境因素和内部环境因素。外部环境因素包括机会因素和威胁因素，它们是外部环境中直接影响组织发展的有利和不利因素，属于客观因素。内部环境因素包括优势因素和劣势因素，它们是组织在其发展中自身存在的积极和消极因素，属于主观因素。在调查分析这些因素时，不仅要考虑组织的历史与现状，而且更要考虑组织未来的发展。通过对外部环境因素和内部环境因素的分析，能对问题进行全面、系统的把握，而且可以把对问题的诊断和解决结合在一起，条理清晰，便于检验。

构造 SWOT 矩阵是将环境因素中的优势(Strengths)、劣势(Weaknesses)、机会(Opportunities)和威胁(Threats)根据轻重缓急或影响程度等排序方式，进行组合分析，包括四种不同类型的组合：优势——机会(SO)组合、劣势——机会(WO)组合、优势——威胁(ST)组合和劣势——威胁(WT)组合，如表 4.1 所示。

表 4.1 **SWOT 组合矩阵**

内部因素 / 外部因素	优势(S)	劣势(W)
机会(O)	SO 战略利用这些	WO 战略 改进这些
威胁(T)	ST 战略 监视这些	WT 战略 消除这些

SO 战略，是将组织内部的优势与外部环境的机会相匹配，充分发挥组织内部优势，利用外部机会以达到组织目标的战略，是一种理想的战略模式。当组织具有特定方面的优势，而外部环境又为发挥这种优势提供有利机会时，就可以采取该战略。WO 战略是扭转型战略，它努力使组织内部劣势趋于最小，使外部机会趋于最大，这就意味着外部环境中有组织发展的机会，组织要及时把握住机会促进组织内部的调整与改革。ST 战略是指组织利用自身优势，回避或减轻外部威胁所造成的影响，其目的是发挥优势而减低威胁，但这并不是意味着一个强大的组织，必须以自身的实力来正面地回击外部环境的威胁，合适的策略是慎重而有限度地利用组织的优势。WT 战略为防御型战略，它努力使组织内部劣势和外部环境威胁都趋于最小。其中 SO 策略是组织战略发展的最理想策略，但需要建立在 WO、ST 或 WT 策略的基础上。

制订行动计划则是在完成环境因素分析和 SWOT 矩阵的构造的基础

之上，制定相应的行动计划。制定计划的基本思路是：发挥优势因素，克服劣势因素，利用机会因素，化解威胁因素；考虑过去，立足当前，着眼未来。运用系统分析的方法，将排列与考虑的各种因素相互联系并加以组合，得出一系列组织机构未来发展的可选择对策。

为能科学、合理地产出深圳市新型教师专业素养培养的策略，我们将采用SWOT分析法对深圳市当前教师专业素养培养的优势、劣势、机会与威胁分别进行分析，并形成相应的行动计划。

第二节　深圳市新型教师专业素养培养的SWOT分析

一、深圳市新型教师专业素养培养的优势

(一)教师队伍专业素养基础扎实

1. 教师队伍学历水平较高

深圳市近年来，注意提高中小学教师的学历水平，《深圳市人民政府关于进一步加强教师队伍建设提高教育核心竞争力的意见》特别提出要提高专任教师的整体学历层次：到2015年，幼儿园、小学、初中、高中教师全部达到国家规定学历；幼儿园教师中具有大专及以上学历的比例达70%以上，小学教师中具有本科及以上学历的比例达70%以上，初中教师中具有研究生学历或硕士以上学位的比例达20%以上，高中教师中具有研究生学历或硕士以上学位的比例达30%以上。这一目标不仅比国家要求教师应达到的学历水平高，也比大多数地区对教师要求的学历占比要求要高。

从第二章对深圳市教师队伍基本情况的分析，我们可以发现，目前深圳市教师队伍整体学历水平较高。根据《中华人民共和国教师法》第十一条的规定(小学教师应具备中等师范学校毕业及其以上学历，初级中学教师应当具备高等师范专科学校或者其他大学专科毕业及其以上学历，高中教师则应具备高等师范院校本科或者其他大学本科毕业及其以上学历)，深圳市中小学教师队伍中学历未到国家标准的人数仅有105

人，占整体的比例仅为 0.15%。同时，教师高于规定学历的人数较多，尤其是小学教师，大专以上学历的人数占 99.46%，在全省各地级市中比例最高；初中教师本科以上学历的人数占 89.69%，在全省排名第 7；高中教师研究生以上学历的人数占 22.01%，在全省各地级市中排名第 3，仅次于中山市和珠海市。

从全球的教师专业发展的趋势来看，发达国家都十分重视教师队伍的学历提升，对教师学历的要求也越来越高。多国的经验也证明，教师的学历与职称、工作能力等都呈正比关系，教师学历越高，越能在工作中轻松地胜任，也越能在专业发展上走得远。深圳市教师队伍的整体学历水平较高，这为深圳市教师专业素养发展奠定了良好的基础。

2. 拥有一大批深圳“名师”

“名师”意味着教师对所在领域，如教书育人、学校管理等有着重大贡献，这不单是教师的荣誉称号，更是教师的努力目标。“名师”一方面激励教师自身实现内涵发展及个人人生价值；另一方面，从学校的角度看，名师可以造就名校，名校又滋润着名师，名师能带动一大批教师的发展。近年来，我国非常重视“名师”的培养工作，2014 年教育部发布了《关于实施卓越教师培养计划的意见》，并确定了 80 个卓越教师培养计划改革项目，这意味着我国教师队伍专业素养的培养正朝着培养“名师”、优秀教师的方向发展。

深圳市尤其注重名师的引进和培养工作。到 2014 年，深圳市已有中小学正高级教师 22 名，省特级教师 260 名，居全省第一。① 享受市级以上政府特殊津贴的有 54 人，省级名师、名校长 14 名，市级名校长、名教师和中青年骨干教师 351 人，市级名校长、名师和科研专家工作室主持人 57 人。

深圳市强大的“名师”队伍，不仅能对整个教师队伍起到良好的示范作用，也能成为提高教师队伍专业素养的重要资源，对提高教师队伍

① 深圳商报．深圳中小学教师平均年龄 35 岁 教职工总数逾 14 万人[EB/OL]．http：//sz.people.com.cn/n/2014/0910/c202846-22258118.html，2016.3.14.

的整体水平有一定的促进作用。

3. 中小学教师达到教师专业标准的情况较好

从第二章对深圳市中小学教师队伍专业素养水平的实证研究，我们可以看出，对照我国中小学教师专业标准，深圳市教师队伍专业素养水平均值达到了 4.40 分(满分 5.00 分)，深圳市教师专业素养的整体水平已达到“良”等级，处于较高的水平。其中专业理念与师德、专业能力、专业知识三个维度的平均值也分别达到了 4.50、4.21 和 4.37，显示深圳市教师专业素养的整体水平较高。

(二)教师培训体系较完善

深圳市除 2016 年新建的坪山区和龙华区外，已建立了完整的区级培训体系，与深圳市级继续教育平台一起，共同承担着教师继续教育的任务。市级教育平台以专业技术人员公需课、市级中小学教师专业发展基地学校培训课程、教师继续教育选修课程为主；而区级平台则依托专职教师继续教育机构，根据本区教师队伍的特点和结构状况，设计和组织更适合本区教师专业发展的课程和培训活动。市、区两级培训体系相结合，不仅向教师提供了数量众多、种类丰富的继续教育课程选择，也能更适切地满足教师的专业发展需求。

二、深圳市新型教师专业素养培养的劣势

(一)教师工作负担重，缺乏幸福感

受学龄人口变化的影响，近年来，广东省小学招生人数持续增加，而中学招生人数持续减少。在这样的大环境下，深圳是全省为数不多中小学招生数都增加的地级市，2015 年初中阶段招生数比 2014 年增长了 2.31%。随着经济的快速发展，农村人口向城市移动，深圳市中小学学位供不应求，扩建和新建学校迫在眉睫。2015 年，深圳新改扩建中小学校 23 所，新增 2.67 万个公办学位；2016 年又新改扩建 30 所中小学，新增 3.09 万个公办学位。

与此相适应的是，深圳市近年来一直在不断扩充和发展教师队伍，通过高端人才引进、新教师招收等各种办法，解决教师短缺的问题。但

由 2017 年的数据来看，深圳中小学阶段的生师比和班师比仍然偏高，与周边城市相比，深圳市教师的工作负担仍然偏重。由于工作负担重、压力大，教师尤其是中年教师的职业倦怠问题较为突出，接受访谈的教师有超过 60%承认自己有职业倦怠问题。教师工作负担重，造成职业幸福感缺乏，教师教学热情下降，工作得过且过，必将对教学质量产生严重的负面影响。

（二）教师队伍偏年轻化，新手教师占比大

由于新进教师数量大，深圳市教师队伍偏年轻化，其中接近 60%的小学教师，超过 50%的初中教师，接近 50%的高中教师为 35 岁以下的年轻教师。同时，新手教师占比例较大，2015 年，深圳市义务教育阶段具备中级以上职称教师的占比仅为 32.04%，在全省仅比东莞市的 28.85%稍高，低于珠三角的广州市的 52.73%和珠海市的 54.99%。偏年轻化和新手教师较多，是深圳市教师队伍的短板之一。新手教师经验不足，教学能力有待提高，学科知识有待扩充，这对教学质量必将产生影响；并且由于新手教师占比大，骨干教师必须承担多个新手教师的指导工作，这也加重了骨干教师的负担。

（三）各区教师队伍专业素养及培养不够均衡

从前面的分析，我们可以看出，深圳市的“老四区”——罗湖、福田、南山和盐田四区由于发展时间较长，基础较好，教师队伍无论从学历水平还是职称水平来看，都优于新区，教师队伍较为成熟。从教育大环境来看，“老四区”相较于新区也更容易吸引到高素质人才加入教师队伍。整个深圳市存在着教师队伍专业素养不够均衡的问题。

另外，深圳市各行政区之间区级培训的管理水平差异也较大。从第三章对深圳市新型教师培养行动和实证研究的分析来看，虽然市、区两级的教师专业发展体系已经建立起来，但部分行政区培训管理人员的力量较为薄弱，几乎不能根据所在行政区的特点，设计和组织有效的教师培训活动。

（四）教师培训水平有待提高

1. 教师继续教育网络平台需完善

近年来，随着网络教育的普及，开设网络课程也成为了各地教师继续教育的重要形式。

目前，深圳市市级的继续教育平台有三个，“一号”即可登录 3 个不同的平台。但是，由于每个平台的分工和承担的任务稍有不同，教师在参加继续教育时如果不甚了解每个平台的作用，就容易造成选课上的困难。

同时，深圳三个市级平台上的课程数量已接近 1000 门，以 2016 年春季学期为例，教师选课时间仅有 1 个半月(2016 年 1 月 12 号至 2016 年 2 月 29 日)，其中还包括近 1 个月的寒假。课程平台课程数量巨大，而平台又并没实现利用大数据或自适应学习等技术向教师推荐课程，每位教师都需在指定的时间内，从近 1000 门课程中选择自己将学习的课程。在这样的情况下，教师凭自身的喜好或依据方便的程度进行课程选择的可能性大大增加，将使课程学习的作用被弱化。

另外，从对深圳市继续教育网络课程的观察来看，教师学习时以自学为主，教师间的讨论交流较少，课程能提供小组学习、协作学习等学习方式的也较少。这种网络授课方式使教师处于孤独的学习当中，既无法提高教师专业发展的实践性，也不利于教师之间的交流提高，同时还不符合网络学习的规律。

2. 教师培训方式有待创新

深圳市在 21 世纪的第一个十年里，创新发展出了多种教师培养方式，如南山区与香港教育署合作培训教师、市教育局优选教师赴海外学习等。

但是，近年来随着教师队伍的进一步发展，在教师数量增加，国家对教师专业发展的要求也提高了的大环境下，深圳在教师培训方式发展上的优势已经不够凸显。一些好的培训方法没有得到推广应用和进一步地发展创新；而部分行政区的教师培训又倾向于表面化，有的片面追求名牌大学效应，有的只重“量”而不重“质”，还有的走马观花，以至于培训效果得不到有效的保障。

三、深圳市新型教师专业素养培养的机会

(一)政策支持新型教师专业素养培养

1. 国家政策支持

我国自改革开放以来，一直非常重视教师队伍的建设与发展，一方面提高教师的地位与待遇，一方面也逐步加强教师的职业规范与标准建设。特别是21世纪以来，随着整体教育事业的不断发展，政府也通过各种方式加强了新型教师的专业素养培养。《国务院关于加强教师队伍建设的意见》以及《全面深化新时代教师队伍建设改革的意见》等政策从国家的层面上要求加快教师队伍的建设，保证我国教育事业的顺利发展，把教师的培养作为教育质量提高的根本。

2. 广东省政策支持

广东省为建设“南方教育高地”，一直强调教师队伍的建设是保证教育质量的核心。《广东省教育发展“十三五”规划》提出，要“促进教师教育和教师专业发展”，“建立教育行政部门、师范院校、教师发展中心、中小学校四位一体的教师专业发展体系，发挥省级中小学教师发展中心的辐射带动作用。加强中小学骨干教师、校(园)长培训工作。全面落实教师全员培训制度，提高培训工作信息化管理水平，根据不同学科、不同阶段、不同层次教师专业发展的递进式需求，按需精准施训，提高培训质量”，“深入实施中小学新一轮‘百千万人才培养工程’，培养一批基础教育领军人才”。

《广东省教师队伍建设“十三五”规划》提出，到2020年，珠三角地区小学教师本科比率应达到75%，初中教师本科比率应达到98%，高中和中职教师硕士比率应达到20%；要“发挥国培、省培项目示范作用，推动各地开展教师、校长分类、分层、分科培训。积极推进教师校本研修培训，全面落实教师全员培训”；“实施中小学教师素质强化工程、中小学教师信息技术应用能力提升工程等”；“有效利用网络学习空间和网络研修社区，开展混合式教研、在线教研、校本研修等活动，构建线上线下相结合的教师终身学习服务体系，大力提升教师信息化素

养，促进教育教学与信息技术的深度融合，推动实现教育理念、教学方式、教学手段的变革”；“深入实施中小学新一轮‘百千万人才培养工程’、‘广东特支计划’教学名师等项目，培养一批基础教育领军人才。省每年按全省专任教师总数的1%组织开展优秀骨干教师、校长开展高端研修示范培训，市、县每年按教师队伍总数的10%开展骨干教师、骨干校长提高培训。加大骨干教师、校长境外、跨区域培训力度，提升教师队伍国际视野。充分发挥基础教育领军人才和各级骨干教师在教书育人、教科研等方面示范引领作用。加强中小学教师教科研能力建设，实施中小学教师科研能力提升工程。加强教研员队伍建设，各级要按覆盖所有学科的要求保证编制并配齐配足教研员，要突出理论研究、政策研究、课程教材教学研究、评价研究和实践指导、舆论引导的要求，加强教研员进修培训、实践锻炼和业务绩效考核”。

3. 深圳市政策支持

深圳市在发展经济的同时，高度重视教育的发展和教育质量的提高。2012年深圳市发布了《深圳市人民政府关于进一步加强教师队伍建设提高教育核心竞争力的意见》(以下简称《意见》)，认为“教师队伍建设是提高教育质量、促进教育事业科学发展的核心环节”；“加强教师队伍建设不仅是提升教育质量的关键，也是培养引进人才、进一步提升城市软实力的重点，事关深圳长远发展。要把加强教师队伍建设作为教育事业发展最重要的基础工作来抓，营造有利于教师能力充分施展、教育人才不断涌现的制度环境，全面提升教师队伍质量，为深圳市率先实现教育现代化、建设高水平学习型城市和人才资源强市提供坚实保障”。《意见》还提出实施教师队伍质量提升工程，“加强教师职业能力建设，提高教师专业水平。完善教师继续教育与专业考核相结合的机制，激励教师主动学习、终身学习”；“健全教师培训体系，优化教师继续教育课程体系，建立培训过程及质量的评价、考核与监控机制，提高培训实效”；“加强校本培训，鼓励教师紧密结合教学实际开展教科研工作”。

2011年，深圳市教师继续教育管理办公室编制发布了《深圳市中小幼教师继续教育五年行动规划(2011—2015)》，当中提出：“以提升培训质量为主线，以提高师德素养为核心，以中青年教师学历提升、教育教学能力提高为重点，加大新任教师、基础教育名师名家培养的力度。以全员培训为契机，推动市、区分工协作，有目的、有计划地对全体中小学教师进行分类、分层、分岗培训。”

这些纲领性文件，直接针对深圳市新型教师的专业素养培养，既保障了教师的权益，又专门指导教师的专业化发展，其力度在全国范围内都是少见的。

（二）深圳市“文化强市”发展的需求

深圳作为经济特区，有着极具自身特色的文化，全市也正在通过突出文化强市，增强城市软实力来加强文化建设，提高城市文化的凝聚力。2016 年，《深圳市国民经济和社会发展第十三个五年规划纲要》出台（以下简称《纲要》），明确指出，要加快文化强市建设，提升市民文明素质。《纲要》认为，文化是城市发展的重要力量，要“实施文体惠民工程和关爱工程，加强重大文化项目建设，增加公共文化产品和服务供给”，“提升公共文化服务水平，充分满足市民更高层次的精神文化需求”。

深圳市“文化强市”的目标，离不开教育的发展、教育质量的提升以及教师队伍专业素养的提升。教育强，能推动全市文化事业的全面繁荣以及文化产业的快速发展。市民文明素质的提高主要通过教育或者培训的方式，接受高等教育或者继续教育，相应的也对开展教育和培训的教师提出更高的要求，这也是深圳新型教师发展的机会。

（三）实现了对民办教师和临聘教师的有效管理

随着我国通过鼓励和引导民间资金进入教育领域发展民办教育的步伐，深圳作为改革开放的前沿地，也积极发展民办教育。到 2015 年，深圳市共有民办中小学校 1780 所，中小学民办教师数量约占整体教师的三分之一。由于民办学校有独立自主的办学特点，虽然会为了保证生源而努力提高教学质量，但也不排除部分学校片面追求经济利益，而降低要求。因此，即使在发达国家，私立学校教师的专业水平也普遍低于公立学校。深圳市近几年通过推行《深圳市民办中小学教师继续教育实施办法》，不仅有效地实现了民办中小学教师参与教师专业发展的要求，还通过参加电子注册，获取从教津贴的方式，完成了对民办中小学教师的管理，实时监控民办中小学教师队伍的发展状况。

临聘教师是我国教师队伍管理中另一个较难解决的问题。全国大部分地区都存在临聘教师与在编教师之间同工不同酬的情况，这严重打击了临聘教师的工作积极性，也滋生了在编教师得过且过的心理。2016年，深圳市出台了《深圳市公办中小学购买教育服务实施办法》，规定从2019年1月开始财政部门将取消中小学空编经费及员额经费，编制部门不再核定中小学雇员及专项员额。从2016年开始深圳市也不再新聘临聘教师，以快刀斩乱麻的方式解决了困扰教师队伍发展的老问题。

四、深圳市新型教师专业素养培养的威胁

（一）地区教师待遇优势不明显，吸引人才困难

深圳作为我国第一个经济特区，在发展的早期，由于容纳百川的环境、较好的薪酬待遇，吸引了来自全国各地的优秀人才，包括优秀教师到深圳工作。

但是，随着深圳的经济发展，物价也比全国其他地区高，2016年深圳市更以62.5%的房价涨幅成为全球涨速最快的城市。① 深圳市教师收入虽与公务员相持平，但与深圳市其他行业的收入相比，教师待遇的地区优势并不明显。有数据表明，2010年前，深圳小学教师的可比平均工资一直遥遥领先于京沪，但领先的程度一直处于缩小的状态，到2012年，深圳可比平均工资出现下降，与京沪的水平接近。②“在物价上涨的情况下，教师收入已经明显缩水，深圳吸引名师和应届毕业生从

---

① 参考消息．全球房价涨幅榜出炉：深圳第一 前10名中国占4席[DB/OL]. http://www.cankaoxiaoxi.com/finance/20160712/1227163.shtml，2016.7.12.

② 曾晓东，鱼霞主编．教师蓝皮书：中国中小学教师发展报告(2014)[M]. 北京：社会科学文献出版社，2014.

教几无优势，长此以往将严重影响未来的教育水平”。①

（二）校外教育辅导机构吸引优秀毕业生

近年来，随着教育竞争的加剧，各地都出现了许多校外教育辅导机构，如深圳市有学大教育、英孚教育、新东方、学而思等。这些校外教育辅导机构为提升机构的吸引力，以高薪资和宽松的环境吸引了大量优秀毕业生加入教师队伍。

从毕业生的角度来看，深圳市公办学校教师职位较稳定、待遇有保障，但岗位呈现饱和状态，竞争压力大，对新人的要求也十分高；民办学校和私立学校工作不稳定，一些权益得不到保障。

而深圳市的校外教育辅导机构数量众多，为广大毕业生提供了更多就业选择。优秀的教育辅导机构注重引进人才，提供了丰厚的待遇吸引优秀的毕业生。教育辅导机构的教师工资多为底薪加课时费的方式，课时越多，工资越高。有经验的优秀教师深受学生欢迎，许多学生慕名而来，课时安排得越多，工资自然就越高。招聘网上的数据表明，深圳市部分校外教育辅导机构教师的月薪高于公立学校教师的月薪。另外，校外教育辅导机构还为教师提供大量培训，毕业生担任教师上手快，也不需要解决班级管理等问题，工作负担相较于学校教师也较轻。

校外教育辅导机构吸引人才，在一定程度上对学校教师队伍吸纳优秀毕业生造成了一定的冲击，对深圳市新型教师专业素养的培养形成了挑战。

（三）市民的高期望增加教师负担

深圳市属于一线城市，深圳市优越的地理位置与良好的资源配置自然要求新型教师专业素养得到提升。但深圳市民对新型教师专业素养培养的高期望在一定程度上会增加教师的负担，具体体现在以下两方面。

一是市民对学生学业成绩要求高，社会竞争的激烈性使得市民特别关心孩子的学习，家长对其寄予很高的期望，作为孩子在学校的主要责

---

① 庄树雄．深圳教育人士谈教师待遇：10 年前已全国领先［N］．南方都市报，2015.9.11.

任者、优异成绩的创造者和学习的指导者，家长对教师同时抱有很高的期望，来自各方面的要求使得对教师的高要求应运而生。市民的普遍认知中，教师是专业教育者，家长期望孩子成长成才，希望孩子在专业知识、人格素养等方面有所专长，继而将这些高期望转移到教师身上，来促进孩子学习和各方面的发展，教师由此被寄予高要求。教师在兼顾教学准备的同时，来自市民对孩子的高期待在一定程度上增加教师的负担，教师承受无限厚望，无形的压力充斥在教师的工作与生活中。教师的精力是有限的，当教师的负担超过一个度时，会出现许多消极反应和抵触情绪。

二是家长与教师的理念不同时，容易产生冲突，很多教师认为和家长打交道时，可能会产生强烈的职业倦怠感。教师与家长的沟通，在一定程度上存在教育理念的分歧，教师得不到家长的理解与支持，与家长产生的矛盾冲突与心理疲倦等对教师而言衍生出诸多烦恼甚至痛苦。深圳教师普遍名校毕业，有深厚的理论基础与正确的教育理念，学生家长大多不从事教育专业，对教育问题的理解很少受到先进理念的影响，双方在理念方面有各自的理解，同时对学生的理解有不同的视角，继而存在直接、正面或者间接的冲突。教师作为冲突的当事人，不能回避冲突还要直面冲突，通过合理的渠道释放情绪，与此同时，还要与家长理性分析问题，沟通协商。在此期间，教师的精神与身体会承受较大的工作量，由此可能产生强烈的职业倦怠感。职业倦怠感不仅影响教师的身心健康和教师队伍的稳定，也间接影响学生的健康成长和人才的培养质量。

（四）教师管理体制有待完善

从第三章对教师培养的实证研究，我们可以看出，在与教师相关的绩效工资制度、新职称制度、评价制度和奖励制度等中，教师对新职称制度、教师资格证国考制度的满意度较高。但教师们普遍对深圳的教师工资表示不满，绩效工资制度又只是把有限的工资做再分配，收入高的教师认为等级差别不大，收入低的教师则因牵涉到自身的经济利益而不满。同时，现行的奖励制度对教师的经济和专业提升影响力弱，教师虽然保持了较为开放的心态，但可以预见仍有较大的改进空间。

第三节 深圳市新型教师专业素养培养的发展战略分析

通过以上对深圳市新型教师专业素养培养的整体分析，根据 SWOT 分析法列出 SWOT 矩阵，如表 4.2，得出深圳市新型教师专业素养培养应采取的总体发展战略。

表 4.2 **深圳市新型教师专业素养培养的 SWOT 分析矩阵表**

内部因素 / 外部因素	优势	劣势
	1. 教师队伍专业素养基础扎实 2. 教师培训体系较完善	1. 教师工作负担重，缺乏幸福感 2. 教师队伍偏年轻化，新手教师占比大 3. 各区教师队伍专业素养及培养不够均衡 4. 教师培训水平有待提高
机会	放大优势，利用机会	利用机会，化解劣势
1. 政策支持新型教师专业素养培养 2. 深圳市“文化强市”发展的需求 3. 实现了对民办教师和临聘教师的有效管理	1. 打造深圳“名教师”品牌 2. 建成深圳新型教师专业发展特色之路	1. 切实关爱教师，完善教师工作制度 2. 实现教师培训体制和机制的创新 3. 打破区块，形成教师专业发展共同体
威胁	放大优势，规避威胁	化解劣势，规避威胁
1. 地区教师待遇优势不明显，吸引人才困难 2. 校外教育辅导机构吸引优秀毕业生 3. 市民的高期望增加教师负担 4. 教师管理体制有待完善	1. 加大宣传力度，展现深圳新型教师风采 2. 完善教师奖励机制，体现教师专业素养发展成果	1. 进一步完善新型教师专业素养培养课程体系 2. 提升新型教师专业素养培养的信息化水平 3. 完善教师管理制度和机制

从上表我们可以知道，深圳市新型教师专业素养培养的未来发展需要发挥优势、克服劣势、利用机会、迎接挑战，主要发展战略涵盖放大优势、利用机会，放大优势、规避威胁，利用机会、化解劣势，化解劣势、规避威胁。

一、放大优势，利用机会

（一）打造深圳“名教师”品牌

深圳新型教师专业培养体系较完善，教师的专业素养基础也较好。未来深圳市在新型教师专业素养培养上，应该逐步引导、着力打造一批全国知名，具有一定影响力的名师队伍，使他们真正成为一面面鲜艳的旗帜，充分发挥引领和辐射作用，形成深圳教育人才优势，成为深圳市新型教师的“名片”。

深圳“名教师”，应拥有先进的教学理念，形成自己独特的教学风格；蕴藏扎实的教学功底，掌握合适的教学方法；灵活使用多种教学手段和教学策略。教学理念的转变，指导和帮助学生学会学习，学会自主学习，在教学过程中，教师和学生角色的转换和交替，体现了新的教学理念的内涵。教师要以创新的理念对待工作，在教学内容、途径、方式、方法的选择上，认真学习借鉴，大胆实验，反复提炼新经验，作出最具有自身特点的创造性探索。自如和准确地驾驭教学内容，并在教学活动中转化为易于领会的知识排列。

打造深圳“名教师”品牌，教育行政部门应加大力度，支持“名师”提升教学理念、总结教学经验，特别是出版能直接指导其他教师开展教学探索的高水平著作，既能扩大影响力，又能帮助其他教师快速成长；邀请国内知名教师到深圳建设“名师工作室”，向深圳教师“传经送宝”；进一步加强本市教师“名师工作室”的建设，为工作室负责人提供更为有利的环境，支持他们扩大工作室规模，建立结构合理的团队，切实指导团队成员的发展。

（二）建成深圳新型教师专业发展特色之路

当前，在国家高度重视教师队伍建设的大背景下，全国各省市都已加强了教师的培训和培养工作。深圳市要放大自身的优势，就需要在良好的基础之上，走出一条具有特色的新型教师专业发展之路。

具有深圳特色的新型教师专业发展之路，应在教师专业素养培养的方法、路径和内容上实现创新，既符合深圳教育发展的特点，符合教师的专业发展需求，又能根据教师专业发展的特点，将教学的实践性放在首位，不拘一格地尝试多种培养方式。如学习和借鉴国外影子教练和“临床”学校的教师发展专业模式，建设教师专业发展基地，如挑选优秀教师成为影子教练，在全市范围内选择典型学校做为临床学校等，把学校作为教师专业发展的基地。教师专业发展基地不仅有利于指导教师和学习教师的共同发展，同时也能促进所在学校的发展和提升。

同时，注重教师教研能力的提升。教师是在工作中成长起来的。教研组是学校的基层组织，在教师的专业成长中起着不可替代的关键作用。教研组开展教学研究活动，专家和名师引领下的跨学科的、理论联系实际的课题式研讨与研究，以“课题研究”的形式促进教师专业发展，加强学科知识与教育理论知识的综合运用。

教师专业素养的培养，必须改变外在的驱动主导模式，应注重激活教师专业成长的内驱力，从而有效促进教师的专业成长，引导教师在专业成长的进程中承认差异、发展特长，让教师走上适合其独特性的自主发展之路。总之，要努力从外部因素和内部因素两个方面创设环境和条件，推动教师向着健康、有效的方向发展，建成深圳新型教师专业发展特色之路。

二、放大优势，规避威胁

（一）加大宣传力度，展现深圳新型教师风采

深圳市拥有强大的名师队伍以及大批的优秀青年教师，教育行政部门应积极策划，既积极宣传优秀教育工作者的先进事迹，也让市民多了解自己身边的平凡教师，创设良好的舆论氛围，树立良好的教师形象。

着力加强“教师节”“庆六一”等活动宣传，提升信息宣传工作的传播力、影响力、公信力，以群众喜闻乐见的形式宣传教师的闪光点，展

现教师风采。积极设置名师风采、教师访谈、师德典范、教师培训纪实等多个栏目，宣传深圳新型教师的特色，在全市营造出师德高尚、技艺精湛的高素质教师精神风貌。向群众展现教师工作的性质、内容以及教师工作的愿景，塑造重视教书与育人的平凡教师形象，加强与社会各界的沟通，使社会各界和广大群众更加深入地了解、关心和支持教师工作，广泛争取广大群众对教育工作者的理解与支持，优化尊师重教的社会环境。

深圳市属于一线城市，群众观念先进，接受新鲜事物迅速，教育部门应积极构建报纸、宣传手册、电视、网络、微信等“多位一体”的教育宣传新格局，提升公众参与度，拓宽教育宣传的渠道，力争在多媒体特别是有影响力的媒体宣传推介优秀教师。

（二）完善教师奖励机制，体现教师专业素养发展成果

建立完善的奖励机制，让教师自觉自发立足岗位，探索教育规律，积累专业技能，展示自我价值，实现职业理想。通过奖励机制，教师个人能获得成长，学校也能拥有稳定发展的师资队伍。

完善教育教学科研奖励制度，培育教师的教研能力，以制度引领教师奋发有为。要改革现有的奖励种类，设定物质奖励、精神奖励、人事奖励和其他奖励等多种类型来满足教师多样化的价值追求。对于教师发表文章、出版专业书籍、自制教具、编制教学资源、发明专利技术等予以物质与精神层面的奖励，以多种形式广泛宣传报道，体现深圳市教师专业素养发展的成果，将成果转化成学校的精神财富，引导全体教师不断挖掘自身潜力，创造更多更高质量的教研成果。适当增加人事奖励的种类，为优秀教师创设施展抱负的空间，适当增加具有内在激励价值的人事奖励，充分调动广大教师的工作热情。同时也要扩展奖励的渠道，比如奖励优秀的青年教师到知名院校进行公费深造，吸取新知识、开阔视野，奖励优秀教师外出参观学习等等。

奖励制度让教师切身感受到人生价值必须靠自己去实现，只有立足岗位，不断提高教育教学水平，积极主动开展工作，探索教育教学方法，挖掘自身教学潜力，充分展示自己的教学魅力，才能从真正意义上实现教师专业素养的发展。

三、利用机会，化解劣势

（一）切实关爱教师，完善教师工作制度

深圳市教师的工作量相较于附近市或地区的教师都偏大，教师的幸福指数也普遍偏低，只有真正关心教师的工作和生活状况，才能提高教师的工作热情，从而提高工作的效率和质量。

切实关爱教师，从工作方面来看，应当为教师营造更为专业化的良好环境。教师是一项专业性极强的职业，教师在课堂上采用的方法和策略都带有本人的理解和风格。而负担过重的工作，只会使教师疲于应付，而无法达到创新和改革的层面。因此，提高教师的专业素养，应尽快全面解决深圳市代课教师、非编教师等问题，同时保证师资量充足，降低生师比，减少教师额外的非教学工作量，为教师提供相对宽松而富有活力的工作环境和条件。

从教师的生活方面来看，关爱教师则要关注教师身心健康发展，丰富教师生活。教师的职业倦怠感源自于长期固定性的工作，因此组织多样的活动，丰富教师的生活，能帮助其缓解工作压力，扩展活动空间，既有利于教师的身心健康，也有利于教师实现专业发展。如专业性的活动可以营造多种环境，让教师无工作负担又充满兴趣地参加专业发展活动；也可以为教师提供心理支持，通过特别设计的团队活动让教师正视自己的心理健康问题，把握自己的心理健康状况，了解调适的方法。

（二）实现教师培训体制和机制的创新

深圳目前的教师培训模式主要包括网络课程、大学研修、面授课程、校本课程等几种类型，为了更好地提高教师培训的效率和质量，应当开拓思路，实现教师培训体制和机制的创新。

创新教师培训体制和机制，可以升级当前深圳市中小学校与大学之间的合作关系，以行政区为单位，在政府的协调帮助下，与一所或多所国内知名师范大学、综合大学教育学院建立起以“发展共同体”为特征的大学与中小学的新型合作关系。

除此之外，还可以改革继续教育学分计算方式，让教师成为培训的主角而不是听众。骨干教师、优秀教师和杰出教师召开研讨会、成果(经验)分享会、公开课等对其他教师展开培训，而新手教师和合格教师开设公开课，邀请其他教师对自己的授课进行点评，同时反思和提高自己，实现自身有效的专业成长。

(三)打破区块，形成教师专业发展共同体

深圳市通过政策文件和教师队伍的大型建设活动进一步推动了教师专业素养的提高，但是各区教育队伍发展不平衡，水平差异较大，仍需要进一步加强重视程度，提高管理水平和培训质量，加强各区域的合作交流，在教育行政部门和学校和共同指导下，建立并促成教师专业发展共同体。

针对区域发展不均衡的问题，各区应在保证本区教师专业素养培养质量的基础上，加大市内各区教师之间的交流与合作。在教育行政部门和学校大力支持下，以学校为基地，以教育实践为载体，促进各区教师共同学习、展开研讨，在团体情境中通过相互沟通与交流实现教师之间的互帮互助、优质资源和理念的流通，实现教师队伍水平整体提升，形成教师专业发展共同体。特别是深圳老四区，拥有更成熟更完善的教师队伍，应充分发挥优秀教师的能力，通过市内柔性流动、到新区开设公开课、与新区教师同课异构、开设培训课程等方式，为其他教师提供专业素养发展上的指导。

四、化解劣势，规避威胁

(一)进一步完善新型教师专业素养培养课程体系

为规避深圳市新型教师专业素养培养存在的威胁及消极影响，化解各区教师队伍专业素养及培养的不均衡等劣势，可以进一步完善培养的课程内容、方法以及途径等。

有效设计与统筹深圳市内的教师培训课程，是实现完善新型教师专业素养培养课程体系的有效途径。首先，应积极深入了解分析教师队伍发展现状，根据教师专业素养培养的需求，详细制订教师专业素养培养的课程体系，借助大数据丰富教师专业发展课程门类，使课程设置促进新型教师专业素养的培养。进一步明确培养课程的目标定位，使课程结构设置更趋合理，突出不同层次教师修习的课程内容有所区别，培养安排策划具体且有针对性，注重创造性的方式与培养，整体提高新型教师专业素养水平。

同时，还应以 TPACK 理论对深圳市新型教师专业素养培养的课程进行调整完善，形成深圳市新型教师专业素养培养阶梯课程体系规划，使各类课程的占比与阶段教师进修的课程划分明确。与此同时，要在隐性知识与显性知识之间建立良好的循环结构，结合实际情况开展与增加区级和校本培训课程，提升深圳市新型教师的专业素养，使新型教师经过完善的课程体系培养后展现综合运用知识解决各种问题的能力。

(二)提升新型教师专业素养培养的信息化水平

当前，信息科技深入影响人们的生活与工作，提高新型教师专业素养培养的质量与效率，必须持续提升新型教师专业素养培养的信息化水平。

提升教师专业素养培养的信息化程度，要利用信息技术为教师创设更为方便、开放的教师专业发展环境，从参加网络课程学习升级到参加基于移动终端的课堂教学评价。教师在移动终端可实现远程听课、远程评价、远程交流探讨等，实现专家、团队与学科教师的多维协同研修模式。

以大数据优化新型教师管理制度和机制，构建教师专业素养培养学习档案，实现对教师日常学习和工作质性数据的内容挖掘，实现对教师专业素养培养的智能分析，生成个人与教师团体的专业发展分析报告。

进一步加强深圳市继续教育网络平台的管理工作，打造智能化网络学习平台。在信息化时代，智能化学习管理正逐步占据重要地位，智能化网络学习平台建设、智能推送课程、智能学习轨迹跟踪、智能实时交流分析等都能促进教师的专业发展。因此，应进一步升级深圳市继续教育网络平台，增强教师网络学习的互动性、智能性与协作性，让教师能随时随地开展终身学习。

(三)完善教师管理制度和机制

教师管理制度和机制涉及每位教师的成长和利益，良好的管理制度和机制能营造愉快、上进、健康的环境，促进教师的快速成长。化解深圳市新型教师专业素养培养的劣势，规避威胁，应进一步完善深圳市教师管理制度和机制，激发教师的工作热情，促进教师专业素养发展。

进一步落实教师的“区(县)管校聘”制度，加强教师的流动性，一方面有利于促进教育均衡发展，另一方面也使教师不再局限于一所学校，能在不同的学校氛围和环境中获得专业成长。深圳市可尝试实施市一级的“特级教师”计划，鼓励优秀教师和校长到教育条件较薄弱的区或学校任教交流，从而促进薄弱区或校教师队伍的成长，以及教育条件的发展。

进一步完善义务教育教师的绩效工资制度，真正发挥绩效工资激发教师工作热情的作用。加大投入，通过绩效工资制度改革，有步骤地提高教师收入，使教师真正成为人人羡慕的职业。绩效工资重点向师德先进者倾斜，不以学生的考试成绩排名、升学率作为评价教师工作好坏的标准，注重教师教书育人两方面的成果，确保教师注重自身的专业素养提升。

第五章　深圳市新型教师专业素养培养的策略

第一节　制定系统化的政策

一、以塑造新型教师作为政策目标

制定系统化的政策以塑造新型教师作为目标，是指深圳市在制定教师专业素养培养政策时，需更新对教师的定位，满足新时代发展的需求。

近年来，各国的教师政策都非常注重重塑造教师形象，特别是随着信息时代的快速发展，社会对新时代教师的专业素养专业越来越高，越来越丰富，也与过去“传道授业解惑”的传统教师要求差别越来越大。联合国教科文组织与联合国儿童基金会于2012年共同发布的报告，提出了六方面改善学校管理的优先事项，其中两方面是关于教师的：一是建立教师绩效考核的标准；二是提升教师专业自主权，将教师纳入学校决策过程。法国在国民教育领域进行的一系列改革中也对教师提出了新的要求，如增加教师自主教学时间，突出跨学科实用性教学，以强化基础知识教学、培养学生的社会适应力、加强价值观导向等，最终打破社会阶层阻碍，提高所有学生学业成功率；同时，通过改革促进教师队伍建设，重在激发教师工作热情和创造性。

另外，各国对教师综合素质的要求显著提高，高学历的比率逐渐提升。在德国，小学初中教师的学历要求相当于我国的学士，高中教师的学历要求为硕士。1976年，美国中小学教师中，62%拥有学士学位，37%拥有硕士学位；1986年，48%拥有学士学位，51%拥有硕士学位；1996年，42%拥有学士学位，55%拥有硕士学位。2000年，美国公立小学、中学教师中博士已占到5.06%、5.94%，私立小学、中学教师中博士占到3.27%、7.08%。法国从2010年秋季开始，将教师职业准入学历门槛由学士提高至硕士。①

因此，深圳市在考虑制定教师专业素养培养相关政策时，需以不断更新对新型教师的定位为目标，根据时代和社会的要求，为教师指明专业发展的方向，明晰专业素养的结构与要求，在专业素养培养时加入新的素养要求。

二、以提升教师质量作为政策核心

教师队伍的质量决定着教育的质量，因此制定新型教师专业素养培养的政策要以提升教师质量作为核心。

近年来，世界各国纷纷出台了相关政策文件，坚持以提高质量为核心，加强专业化师资队伍建设。美国的教师政策，要求建立新教师评价和激励机制，支持各州修改相关制度，采用绩效工资与奖金等激励办法，将教师奖励与学生的进步挂钩，使教师对提高教学质量承担更多的责任。韩国教育革新委员会在《韩国教育2030远景：旨在构建学习型社会的未来教育的远景和战略》中指出，要全面实施教师教育教学能力评价考核制度。荷兰政府继2011年颁布《强大的职业——教师2020计划》、2013年颁布《教师发展日志(2013—2020年)》后，不断致力于强化教师教育与培训，全面提高教师质量，推进教师专业化建设，一方面下大力气提高教师的薪酬待遇和社会地位以增强教师职业的吸引力，另一方面通过增加中小学教师的海外交流机会、强化新入职教师岗前培训、加大中小学和大学教师交流与合作等一系列措施加大培养培训力

① 丁德科，王昌民．论基础教育师资硕士化[J]．渭南师范学院学报，2015，30(24)：15-23.

度，促进教师和学校管理者达到规定的职业能力标准；在教师管理体制上，建立教师注册制度，实施动态管理，吸引优秀教师继续留任，淘汰不合格教师。

深圳市也应在政策中进一步明确新型教师专业素养培养的标准，完善专业素养培养的评价体系，加大培养的考核力度。建设高质量的专业素养培养课程，监控整个专业素养培养过程，实现专业素养培养的有效评价，从而促进整个教师队伍的质量提升。

三、以制定新型教师专业标准体系作为政策重点

教师专业标准是确立和提升教师专业地位的重要前提，是评价教师教学质量的必要依据，也是促进教师专业发展、提高教师教学质量的重要举措。深圳市教育部门在政策制定中，应将制定新型教师专业标准体系作为政策重点。

我国教育部于2012年发布了《幼儿园教师专业标准(试行)》《小学教师专业标准(试行)》《中学教师专业标准(试行)》等三份教师专业标准。从美英澳等发达国家的教师专业标准建设来看，分层级甚至是分科目分层级的教师专业标准更具操作性，且有利于教师找准专业发展的目标。深圳市的教师队伍已具备良好的专业素养基础，在国家教师专业标准的基础上，制定符合深圳市教师专业素养发展水平，分层级、细化的专业标准将更有利于促进新型教师的专业素养培养。因此，在政策的制定上，需要细化对各层级各科教师的标准要求，形成一个流动的、多元的、全面的标准体系，为指引深圳教师专业发展的方向、评估教师专业发展的水平、创新教师继续教育课程体系提供参照。

深圳市在制定教师专业标准体系时，应积极借鉴其他国家的经验，从以下三点来进行。一是充分发挥利益多方的主体性和能动性。由教育主管部门和第三方机构组织承担标准制定的主要责任，吸引教育界专家学者和一线教师参与标准制定，并充分征集和听取社会公众的意见，保证标准制定的专业与民主。二是标准内容体现全面性和发展性。在考核教师教育者基本知识技能以外，应注重考核教师教育者的合作交流能

力、实践反思能力以及科研创新能力。标准内容框架应涵盖专业精神、专业知识、专业能力和专业实践等四个方面，全面规范和评价教师教育者的专业素养。三是注重标准内容的不断完善。广泛收集标准实施后的反馈，并充分吸收有关教师教育者的最新研究成果，在此基础上修订、更新标准内容，实现教师教育者专业标准的动态管理。

四、以推动教师现代化作为政策走向

2010 年，我国提出“到 2020 年我国基本实现教育现代化”，2016 年，国家发改委发布的教育改革发展重点任务第三点为研究制订《中国教育现代化 2030》，表明教育现代化已成为我国教育发展的目标。“十年树木，百年树人”，从教师队伍建设出发，提高教师现代化程度，既是对中国教师教育的全面规划，也是中国教育现代化 2030 的迫切需要。教育部副部长孙尧在“庆祝第三十三个教师节暨 2017 · 中国教师发展论坛”上也表示，教育现代化的关键是教师队伍现代化，在教育现代化全域内审视，提升教师能力素质需要摆在更加突出的战略位置。

“中国教育现代化 2030”对未来教师培养发展提出新要求。现代教育呼唤信息技术与教育更加深度融合，更加开放、个性化、多样化的新型信息社会教育生态。新教育生态需要新型教师培养更加专业化。未来教师要能适应大数据、人工智能和云技术给教育带来的巨大变化。2016 年，谷歌围棋人工智能 AlphaGo 战胜了韩国著名棋手李世石，标志着人工智能技术取得了巨大的突破，人工智能应用于各行业的可能性已经大大增加。人工智技术研发的初衷是为了把人从简单、机械、繁琐的工作中解放出来，然后从事更具创造性的工作。未来人工智能技术、大数据和云技术应用到教育中，将使教师的工作发生翻天覆地的变化，教师借助技术将腾出更多的时间和精力，去创新教育内容、改革教学方法。同时，未来教育变革将推动建成人人、时时、处处皆可学习的学习型社会。刻板的学校制度将向更重于体现灵活多样有效的学习制度转变，教师队伍发展和教师自身素质提高都必须适应这样的学习社会。

深圳应提前做好教师现代化相关政策的顶层设计，让教师通过专业素养的培养，转变自身的教学观念，掌握未来教育所应具备的能力，逐步适应未来教育的变革，最终实现教师的现代化。

第二节 优化教师队伍管理

一、加强力度，推动教师“柔性”流动

教师的“柔性”流动指教师的所在学校编制保持不变，在对口的学校工作或教学一段时间后回到原单位继续任教。“柔性”流动不需要教师改变工作单位，稳定性较强，是大多数优秀教师所愿意接受的流动方式。

深圳市于2015年举办的“教师队伍建设年”活动中，就已明确提出要“实现优秀教师(市级教坛新秀和骨干教师)在三年一轮的周期里每人交流一次，一次为期一年。其中，区内交流每年不低于优秀教师的30%，区间交流每年不低于20%。真正发挥交流教师在示范引领、学科建设、促进均衡等方面的作用，使教师交流工作可持续、有实效”。教师“柔性”流动的提出，最早是为了解决区域内教育资源不均衡的问题。结合我们的访谈调研发现，教师们站在个人角度实际上对“柔性”流动寄予了更大的期望，希望适当的工作环境变动，这样也能使自己的工作更富于挑战性。深圳市在教师“柔性”流动已做的工作，为实现教师流动，发挥优秀教师的示范作用以及提高教学质量都奠定了很好的基础。

但是目前，深圳市的教师“柔性”流动在实施中也碰到了一些具体的问题，如教师特别是以学校管理者身份到对口学校的教师，由于工作时间短，不仅示范作用很难充分发挥，还有可能影响学校的常规运作；又如柔性流动所跨地区较远，住宿、交通等都将成为教师流动时所需要解决的问题，也成为了不少教师柔性流动的障碍。

(一)设置“特岗”，加强柔性流动

目前，我国上海、重庆、杭州等城市都在积极推动市级“特岗”计划，与国家“农村义务教育阶段学校教师特设岗位计划”不同的是，国

家“特岗计划”是为加强农村义务教育教师队伍建设，促进农村义务教育均衡发展，创新教师补充机制，提高教师队伍整体素质，逐步解决教师总量不足和结构不合理等问题，对西部地区“两基”攻坚县农村中小学，在不改变教师管理事权的前提下，在现有教师编制内设立特别岗位，由国家公开招募高校毕业生担任特别岗位教师；而各市所执行的市级“特岗”计划则是为了加强市内教师队伍的流动，以优秀师资带动薄弱地区或薄弱学校的发展，推动市区内教育公平的发展。如上海市教育委员会2010年发布了《关于促进义务教育阶段人才有序流动优化人力资源配置的实施意见》，鼓励校级干部、骨干教师向郊区流动，并于2014年开始实施中小学(幼儿园)特级教师流动工作。上海市规定在选拔校长、后备干部、骨干教师以及参评特级校长、特级教师时，应有在2所及以上学校任职、任教的经历。在教师职务评聘中，市、区重点中学和高中教师有农村学校或初中教学经历的，可优先评聘中学高级教师职务；在农村中小学、幼儿园任教5年以上的农村学校教师申报中学高级教师职务，外语(课程)可不作为必备条件；对在郊区支教1年以上并经受援单位考核合格、担任中级教师职务满4年的教师，可申报评聘中学高级教师职务，比正常情况缩短1年。

深圳市加大教师柔性交流的力度，也可以设置深圳市“特岗”计划，鼓励优秀教师，如市名师、教坛新秀等报名参加深圳市的遴选工作，通过制度设计引导市“特级校长”“特级教师”到薄弱校工作三年以上，并配套给予相应的交通、住宿等经费支持。

“校长是一所学校的灵魂”，一个好的校长能通过自身的管理理念和管理办法塑造出一批好教师，也能改变一所学校的风貌。因此，在教师的“柔性”流动方面，首先应考虑的是校长的流动。由于校长这一管理岗位的特殊性，在交流时间上还可以考虑限定时间更长，以保证校长能真正发挥其作用。

而“特级教师”到对口学校工作的任务则包括担任学校教学的中层管理工作，如学科组负责人、教学管理负责人等，在开展一线教学的同时，培养和引领对口校教师的专业发展。

(二)推动学校发展共同体建设，扩大柔性交流面

“特岗”计划面向优秀教师或校长个体，“学校发展共同体”则面向优秀学校的教师群体。推动“学校发展共同体”的建设也是开展教师“柔性”流动的可取方案。由美国等发达国家的经验来看，学校之间结成的联盟，能有效地促进教师的专业发展。

深圳也可尝试由市教育行政部门推动名校和薄弱校之间的合作，建成学校共同体，推动薄弱校的快速发展。名校与薄弱校结成“学校发展共同体”后，两方应派遣至少一位校长，30%的学校中层管理教师和30%的优秀教师以团队的形式进行交换。名校优秀教师到薄弱校工作后，可凭借教师人数多，团队成员之间比较熟悉，为迅速改善薄弱校校风建设、教学水平等作出贡献；而薄弱校教师团队到名校后，也可按照既定的工作计划，开展学习和工作，迅速提高学校管理和教学水平。“学校发展共同体”建成后，双方交换教师的时间可由学校自定，到期教师回归各自学校后，还可通过在工作期间建立起来的亲密合作关系，经常性地联合举办校本培训等活动，保持教师“柔性”流动所带来的成果。

学校发展共同体的建设，在我国并不是新鲜事物，深圳也通过多种方式建立了多个学校发展共同体。为保证学校发展共同体的质量，在具体的实施过程中，还应注意教育行政部门的政策引导，给予更多更灵活的政策发展空间，既促进薄弱校的改变，也促进共同体学校教师的专业素养提高。学校发展共同体还可以借助网络技术手段广泛开展网络交流与教研活动，定期分享各校的教学资源及管理经验，改变过去“输血”式的改进方法，让各校的优秀经验在其他学校不是“拿来主义”，而是能“接地气”，转变为各校自身的发展点。

二、为教师“减负”，确保教师工作量适宜

所谓职业倦怠(burnout)，是指“失败、精疲力竭或因过度消耗精力、资源而变得枯竭”。教师工作量超负荷、工作压力大是教师产生职业倦怠的主要原因。有研究表明，我国中小学教师的周工作时间较长，

平均达到了 54.5 小时，高于多国中小学教师的平均水平。① 教师出现职业倦怠心理，在全球来说是较为普遍的情况，但是倦怠心理如果得不到好的调适，将影响教师的工作热情和工作效率，导致教学质量的低下。

目前，我国教师不仅要承担课堂学科教学任务，而且要为许多隐性的工作，如教学计划制定、备课、批改作业、评价学生等耗费大量的精力。另外，很多教师还承担着竞赛辅导、运动会组织、课外活动辅导、与学生家长沟通联系、组织与参加学校会议、指导其他教师、制定学校发展政策、与教育管理机构联络、教学行政管理工作和个人专业发展活动等等任务，长期处于高工作负荷的状态。从前面几章的分析，我们已经可以看出，深圳市教师的工作量相较于附近市或地区的教师都偏大，教师的幸福指数也普遍偏低。新时期的新型教师，并不是燃烧的“蜡烛”。“燃烧了自己，点亮了别人”不符合新时期教师管理的理念，也不符合人性。因此，只有真正关心教师的工作和生活状况，才能提高教师的工作热情，从而提高工作的效率和质量。深圳市为教师“减负”，就要降低教师的总工作量，为教师创设专注于教学或管理的良好环境，从而达到提高教师专业素养，提高教学质量的目的。

教师减少工作量的基础，是深圳市要持续性地为教师队伍补充优秀人才，尽可能提前解决代课教师、非编教师的问题，保证师资量足够。目前，深圳采用编制制度对教师岗位设置标准加以管理，教师工资按照编制列入政府预算，在配置教师数量时，只参考学生数量以及学校的类型等因素。这一制度有效地杜绝了岗位设置冗余的情况，但由于深圳人口增长快速，学生人数也快速增加，要有效地保证教学质量，就必须在教师的编制上预留足够的空间，降低生师比，通过减轻教师工作量，提高教师工作的热情，进而提升教师专业素养。

另外，减少教师的工作量，还要加强对教师工作量的研究和管理工作，每个学校都应完全掌握教师的工作量状况，确定教师平均工作量和将教师工作量“减负”至每周 50 小时以下。教师工作量的计算方法应按

① 李新翠．教师真的需要这样工作吗？［N］．中国教育报，2014.9.16.

以下方法进行计算：教师总工作量=教师每天在校平均工作时间+工作日每天晚上工作时间+每个周末用于工作的时间，其中，按照国际通行的做法，工作日每天晚上和周末用于工作的时间均包含了教师参加继续教育的时间。生师比或班师比较高的学校和行政区，应通过稳定增加教师数量来实现教师工作量的“减负”；同时，还应指导教师主动规划职业发展路线，主要承担教学工作的专任教师应降低非教学工作比例，而主要承担管理工作的教师则应降低教学工作比例。只有将教师的工作负担减下来，教师才有可能深入地思考自身的专业发展，也才有可能较好地解决教师的职业倦怠问题。

三、丰富教师生活，注重教师身心健康

教师的专业性已得到全世界的认可，但由于教师工作的特殊性，教师常常一个人面对一个班的学生，相对而言，是独立而孤单的。因此，通过组织各种活动，丰富教师的生活，不仅有助于缓解教师工作压力，增进同事之间的交流和学习，更有利于实现教师的专业发展。根据对深圳市的分析，我们建议通过设立教师专业发展日、为教师提供心理支援和加强教师之间的团队建设等几方面的工作，拓展教师的活动空间。

(一)教师专业发展日

教师专业发展日(Professional Development Day，简称 Pro-D Day)，是指面向全体教师的指定用于专业发展的工作日时间。目前包括美国、加拿大、香港在内的许多发达国家和地区，都设置了教师专业发展日，让教师全身心地投入专业发展活动中。

以加拿大英属哥伦比亚省为例，教师专业发展日已有 40 多年的历史。学期中，每个月都有一天是教师专业发展日，在这一天里，市教育行政部门、学区和学校都会组织各种丰富多样的教师专业发展活动，教师可以选择参加自己感兴趣的活动，并在活动中积极学习，与其他教师共同探讨教学问题。

教师专业发展日一方面为教师提供了从忙碌的工作中抽身出来实现专业发展的机会，确保教师参加学习的有效性；另一方面，由于活动面

向全体教师，也保障了每位教师参加培训的权利。

（二）关注教师心理健康

近年来，随着教师工作压力的增大，教师的心理健康问题现在已经被提到了师德关注的层面，因为教师的心理健康将深深地影响学生的心理健康。为保证教师的心理健康，仅向教师传授有关心理学、心理调适方面的知识是不够的。目前，发达国家和地区都相当重视教师的心理支援工作，为解决自身心理健康有困难的教师提供心理支援服务。为教师提供的心理支援服务的形式多样，如邀请心理医生或专家团队到校组织教师开展心理健康辅导，通过组织心理游戏、活动等让教师正视自己的心理健康问题，把握自己的心理健康状况，了解调适的方法。同时，各区以购买社会服务的方式，指定心理诊所，为教师提供心理治疗，确保教师的心理健康。

（三）构建教师专业共同体

教师专业共同体建设是国际解决教师职业倦怠问题，整体提升教师专业素养的另一个重要途径。教师专业共同体是指以学校为基地，以教育实践为载体，以共同学习、研讨为形式，在团体情境中通过相互沟通与交流最终实现整体成长的提高性组织。① 教师专业共同体决定了教师的职业观和学生观，其存在与发展状况为学校走向成功提供了适宜的组织与精神资源。教师专业共同体还支持和帮助教师改进和完善自身的教学实践，并帮助他们解决由于学校的改革和变化而出现的危机感和不确定感，促使教师去应对变化的环境和新的挑战。当教师具有一种很强的专业团体感时，他们的士气较为高昂，责任感也更强。② 教师专业共同体比传统意义上学科组或教师间的协作要求更高，其关键在于形成了教师之间心理上的相互依赖以及行动上的共同发展。中国教师在长期的教

① 牛利华．教师专业共同体：教师发展的新模式［J］．教育发展研究，2007（24）：40-43.

② Pamela Groaeman, Sam Wineburg & Stephen Woolworth. What Makes Teacher Community Different from a Gathering of Teachere? [DB/OL]. http://depts.washington.edu/ctpmail/PDFs/ Community-GWW-01-2001. pdf, 2000. 12.

学中养成了“单打独斗”的习惯，建立教师专业共同体仍需要从教育行政部门和学校的层面，给予更多的指导、鼓励和帮助。

四、完善区一级培养体系，促进管理人员素质提升

深圳市通过政策文件和教师队伍的大型建设活动进一步推动了教师专业素养的提高，在具体的实践中，市一级教师继续教育通过平台建设和高端培训活动等方式，发展较为完善，但区一级的教师专业素养培养，由于各区教育队伍发展不平衡，水平差异较大，区级培训又承担着整体教师专业素养提升的任务，仍需要进一步加强重视程度，通过提高管理水平，提高培训的质量。各区都应对自身教师队伍的发展状况做深入分析，全面掌握教师专业素养培养的需求，并制定各区教师队伍专业素养培养的规划或行动计划，其内容应包括：

- 区中小学教师专业素养发展的目标；
- 专业素养培养的重点人群和重点内容；
- 区教师专业素养培养的课程体系设计；
- 区教师专业素养培养创新性的方式和方法；
- 区教师专业素养培养平台建设设计方案；
- 为实现教师专业发展而策划的活动安排。

区一级教师培训除应做好规划和行动计划等外，还应定期收集教师对培训工作的意见和建议，发布调研报告，并把教师的意见综合到下一轮教师培训的工作计划中，实时进行改进和调整，确保培训的质量。

同时，市一级应专门针对全市的教师培训管理人员开展培训，提高他们收集教师培训需求，有效设计教师培训课程，统筹教师培训，规划教师培训等各方面的能力；开展教师培训管理人员的经验交流，推广区一级培训中的成熟和创新模式，从而全面提升区一级教师培训的水平。

五、改善教师评价方式，激发教师工作热情

对教师评价的改革一直是各国教师专业发展的一个重要内容，正确的评价方式和公开透明的评价机制可以让教师的工作得到全面的认可，

也有利于教师形成正确的学生评价观。

对教师的评价方式直接对教师工作产生影响，目前，我国对教师工作的评价仍较多地停留在奖惩式评价上，不利于教师保持工作热情和动力。深圳市可尝试在中小学中建立起教师发展性评价体系，在学校开展内部导向性评价，淡化评价对教师的甄别和奖惩作用。发展性教师评价在实施中，可有自我评价与反思、形成性评价、总结性评价、下年发展规划等四个步骤，如表 5.1 所示。

表 5.1　**发展性教师评价过程**

1 自我评价与反思	2 形成性评价	3 总结性评价	4 下年发展规划
年初，教师对自己的准备工作进行反思和评价，把过去一年的成果与新一年的目标结合起来，可以特别关注职业生活将发生的变化或取得的进步	依照教师评价量规，通过观察教师课堂、对教师工作的证明，包括教学作品、课堂观察、学生作品等进行分析，与教师进行讨论并交换意见，为教师提出改进的建议	召开教师评价年度总结会议，给予教师工作质性评价报告，包括对教师优势的分析，指出值得改进之处，并提供相应的建议	教师在指导下为自己下一年工作制定计划，要求设定明确的目标，包括工作和继续教育方面的具体目标，计划也将作为下一年工作评价的基础

其中，形成性评价是将评价融入教师的日常教学工作和班级管理工作中，如通过面谈、课堂观察、非正式交流、工作成绩分析等形式发现教师工作中存在的问题，并有针对性地提出改进意见和建议。形成性评价中以学生的学业成果数据作为教师评价的资料，并不是把学牛的成绩及其排名作为评价的依据，而是看重学生评价的变动情况，如通过统计分析班级学业水平的集中程度、变异程度以及学生均态发展的状况，观察班级学生的真实学习状态。同时，学生的学业成果并不仅仅是考试成绩，还包括学生全面发展的状况，如学生参加各类比赛、竞赛、演出、

课外活动的情况。总结性评价则要求对教师的工作成绩进行总结并对未来的工作提出建议，可以包括对态度、性格、知识、能力等各方面的改进意见。

在发展性评价中，评价的标准将全部体现于评价的量规(Rubric)当中，量规评价不仅能让教师明确自己的努力方向，也是使评价公开、透明的一种方法。因此评价的制定既要考虑对教师的全面考察和评价，又要考虑量规区分的清楚合理，让学校管理方和教师本人都对量规的理解没有疑问。依据我国中小学教师部分标准制定的评价量规如表5.2。

表5.2 **发展性教师评价量规样例**

评价内容＼等级	有待改进	有待发展	良好	优秀
教学设计能力	教师不能依据学生的个性、发展和已学知识等，设计出有效的教学设计方案	教师的课程设计能基本满足学生的多样化需求，并符合学生的发展特点	教师的课程能较好地满足学生的多样化需求，并能较好地引起学生的兴趣	教师的课程设计考虑到了个性化，并采用多种教学方法，提高了学生学习的主动性和积极性
与他人沟通交流的能力	教师没有和学生家长直接交流	教师偶尔与学生家长交流，对学生在家的状况了解较少	教师定期与学生家长交流，并通过获得的信息帮助学生提高和改进	教师通过多种方式与学生家长交流和沟通，对学生在校外的情况非常了解，向家长提供有针对性的建议
信息技术与课程融合的能力	教师没有使用信息技术工具提高教学效果或学生能力的计划	教师已有使用信息技术工具提高教学效果或学生能力的计划	教授班级中大多数学生参与使用信息技术工具，并提高了学习能力	教授班级中学生能运用多种信息技术工具，信息素养、学习能力等得到有效提高
……	……	……	……	……

在教师发展性评价体系中，还应坚持评价主体多元化的原则，提高全体教师参与评价的意识，让教师参与到评价的整个过程中，通过评价为教师提供有利于其发展的反馈信息及科学合理的建议，推动教师个体专业的发展。同时，还可以考虑让学生和家长也参与到对教师的评价活动中，为学校的教师评价提供全方位的参考，也有利于改善全体教师的工作表现。

六、提高教师待遇，提升深圳“教师”的吸引力

提高教师工资待遇已是老生常谈的问题。2015 年，在参加庆祝教师节大会和调研学校时，广东省委副书记、深圳市委书记马兴瑞也表示希望提升教师待遇。然而，教师工资待遇的提高总是困难重重，问题也一直悬而未决。

参考发达国家和地区提高教师地位和收入的最基本做法，深圳可尝试试点建立教师公务员制度。教师公务员制度是将取得教师资格证书并获得教师职位的公办普通中小学教师的身份确认为教育公务员，明确其“公务性”与“专业性”的双重身份，使其享有与公职身份相应的权利和义务，并执行相应的收入分配制度，依法对其实施规范监督，保护中小学教师的政治地位和经济利益。① 深圳作为我国改革开放的先锋，试点建立教师公务员制度，提高公立中小学教师的工资待遇，优化教师的社会地位，也将使深圳“教师”成为优秀人才的集中地。

七、管理升级，以大数据支持教师专业素养提升

2015 年 9 月，国务院印发《促进大数据发展行动纲要》，要求推动大数据发展和应用，在未来 5 至 10 年打造精准治理、多方协作的社会治理新模式，建立运行平稳、安全高效的经济运行新机制，构建以人为本、惠及全民的民生服务新体系，开启大众创业、万众创新的创新驱动

① 周洪宇．建立教育公务员制度　吸引优秀人才当教师[N]．人民政协报，2010-3-10.

新格局，培育高端智能、新兴繁荣的产业发展新生态。

麦肯锡全球研究所指出，大数据是指一种规模大到在获取、存储、管理、分析方面大大超出了传统数据库软件工具能力范围的数据集合，具有海量的数据规模、快速的数据流转、多样的数据类型和价值密度低四大特征。目前，大数据的价值已经在商业、医疗等行业中得到了普遍的认同，如美国梅西百货根据需求和库存的大数据，开发了SAS系统对多达7300多万种货品进行实时调价，谷歌公司利用搜索关键词预测了禽流感的散布。

2016年，教育部颁布了《教育信息化“十三五”规划》，当中也提出应“积极利用云计算、大数据等新技术，创新资源平台、管理平台的建设、应用模式”，并“依托网络学习空间逐步实现对学生日常学习情况的大数据采集和分析，优化教学模式”。大数据除了可以应用在学生的学习上，在教师队伍的管理上，同样能发挥巨大的作用，可以为新型教师培养提供新的解决思路。教师专业素养的成长是一个漫长的过程，贯穿一位教师的整个从教生涯。基于大数据技术，通过构建一体化平台和规范化数据库，可以有效打通教师专业发展过程的各个环节，为构建更合理的教师专业素养培养体系提供有力支持；基于大数据分析，可以挖掘新型教师专业素养培养过程中的教育规律，为教育行政部门提供更科学的教育决策、更合理的管理体系和更个性化的课程体系。以大数据支持深圳新型教师专业素养的培养可以有以下几条应用路径。

(一)以大数据丰富新型教师专业素养培养课程

大数据在新型教师专业素养的培养上，既可以丰富教师们的专业发展课程的种类，又能使课程内容的设置更符合教师们的需求。

采用物联网、云计算、大数据技术，将数字校园建设由“数字校园”向“智能化”推进，通过采集和分析学校教学与科研的结构化和非结构化数据，通过智能视频分析技术和教师专业素养评价体系，实现对教师专业素养的科学分析，为教师提供个性化的专业素养发展报告，并指导和推荐教师应参加的相应专业素养培养课程，或者为教师打造更精准、更合适的课程服务。

随着网络教育的飞速发展，各类网络教育平台及优质的开放课程，都为教师们提供了开展自主学习的机会；深圳也为教师们打造了课程内容丰富的专业素养学习平台。基于大数据，可以分析教师们的选课方向和课程选择偏好，根据教师专业素养培养的要求，为教师们提供更多符合教师专业发展、受教师欢迎的课程，从而进一步提高教师专业素养培养的效果。

(二)以大数据变革新型教师专业素养培养方式

促进深圳新型教师专业素养的提升，应当在培养过程中重视教师的个体需求以及教师专业发展对培养的需求。基于大数据可以实现教师的个性化学习，优选教师专业素养的培养方式。

1. 个性化学习

基于大数据可以有效打破传统大班学习相同步调问题，为教师规划个性化、富有挑战性的培养路径，并通过记录和评价教师学习过程，有效预警培养风险。目前深圳已经采用网络的方式向教师们提供专业素养提升的课程，在网络课程的基础上，深圳可以通过构建智能化的自适应课程学习系统，利用大数据对教师网络学习过程中产生的各类数据(如课程资源点击率、资源形式、登录时长、视频反刍比率等)进行获取、分析；基于学习分析技术，分析学习内容、学习行为与学习结果的相关关系，构建新型教师专业素养培养模型；基于学习者模型和数据分析结果，预测学习者行为；基于预测结果，对教师的后续学习内容、学习辅导、学习进度等进行动态调整，建立自适应学习路径。

目前，美国的“梦盒学习”公司和“纽顿”公司都已成功发布了各自版本的利用大数据的适应性学习系统，势必成为新时期教师专业素养培养方式的新方向。

2. 优选培养方式

基于大数据可以对新型教师培养的各种路径进行有效的监测，通过教学效果和教师评价，为教师优选更加合适、更加科学的培养方式。传统的专业素养培养方式是教育行政部门或负责教师专业发展的机构，依据教师专业素养培养的理论或经验进行选择的。因此，也存在着教师专业素养的培养效果不佳或培养方式不符合教师需求的情况。通过对每位教师参加培训的大数据进行分析，不仅可以优选出更符合教师需求的培养方式，实现专业素养提升更科学化的管理；还可以为个体教师的专业素养提升，提供个性化的培养方式规划。

(三)以大数据优化新型教师专业素养培养管理

教师专业素养培养管理的大数据支持进一步优化管理，实现对每位教师的精准服务。传统的教师专业素养培养管理一般依赖于校长或其他管理人员的决定，在培训名额的分配和培养人员的选择上，都存在一定的主观性，无法保证教师们参加各个级别培训的机会均等。同时，由于培训安排的时间不合适，教师的工作性质又特殊，部分教师可能长期无法离岗参加培训，造成教师的专业素养无法得到有效的提升。

基于大数据，可以构建教师专业素养培养学习档案，收集并分析教师参加专业素养培养的频次、学习成果、学习表现、参加培养的级别等大数据，形成教师队伍和个体参加培训培养的分析报告，为安排教师参加专业素养培训提供合理的决策依据。同时，打通学校的人事管理系统、教学管理系统和 OA 系统等，基于学校教师出勤情况、授课安排、其他工作安排的大数据分析，还能为教师参加专业素养培养规划更合理的时间，安排教师非忙时段参加专业素养的培养。

八、发挥“名师”作用，引领教师专业素养提升

深圳市近年来，相当重视“名师”在新型教师专业素养培养上的示范引领作用，市、区两级都评选了名师，并相应地建立了名师工作室，承担教师专业素养培养的工作。

未来，深圳市进一步发挥“名师”的作用，可以从以下几方面入手：

第一，将“名师工作室”建成教师专业发展共同体，并强调名师对教师的培养。进一步规范区、市两级“名师工作室”的管理规则，要求工作室有固定团队成员和非限定团队成员，负责人定期举办各种活动，鼓励骨干教师等参加活动。教师可凭参与活动的相关证明记入继续教育学时，葆有教师对名师工作室活动的兴趣，同时减轻继续教育的负担。

第二，吸引全国各地的名师到深圳建立工作室，稳定增加深圳教师队伍名师的比例。开拓名师引领深圳教师发展的思路，通过弹性时间、灵活使用经费等办法吸引全国著名教师到深圳建立学科教学工作室，要求采用灵活多样的方式，每年对深圳市名师培养对象、骨干教师等进行短期培训，从而稳定提高深圳教师队伍中名师所占的比例。

第三，推动“深圳教育论坛”的发展，每年举办一次全国性、高水平、专门的教师专业发展会议。发挥“深圳教育论坛”总结、提炼与交流、分享深圳教育名家先进经验的作用，每年举办一次全国性、学术性与实践性并重的高层次会议，邀请全国教师专业发展领域的著名专家、学者、校长、教师等参加会议，并通过会议推动越来越多的深圳名师和名校长主动总结经验，提升自身的水平，走向国家级“名师”行列。

第三节　营造教师终身学习环境

一、指导教师做好生涯规划，全面促进教师专业素养发展

按照国际上教师的职业发展途径，我们可以把教师发展方向再细分为教学型教师、研究型教师和管理型教师三类。教学型教师从个体特征上来说，热爱教学工作，愿意在讲台上不断提高自身的能力和水平，对如何帮助学生、发展学生兴趣有自己的见解；研究型教师则在教学过程中，愿意用教育研究的视角看待问题，并具备一定的研究能力，在实践中不断探索和改进教学实践；管理型教师通常喜欢与别人交流，具备一定的管理能力，擅于解决人际关系中存在的问题。三种类型教师的发展路径如图 5. 1 所示。

三种类型教师虽然需要不同的知识准备、能力准备和经验准备，但又不是完全独立的，他们都需要具备在教学一线工作的经历和经验，并且具备良好的教学能力。教师可以从获得初级职称开始为自己的未来职业发展订立短期规划，如通过对自身的分析，希望朝着教研员方向

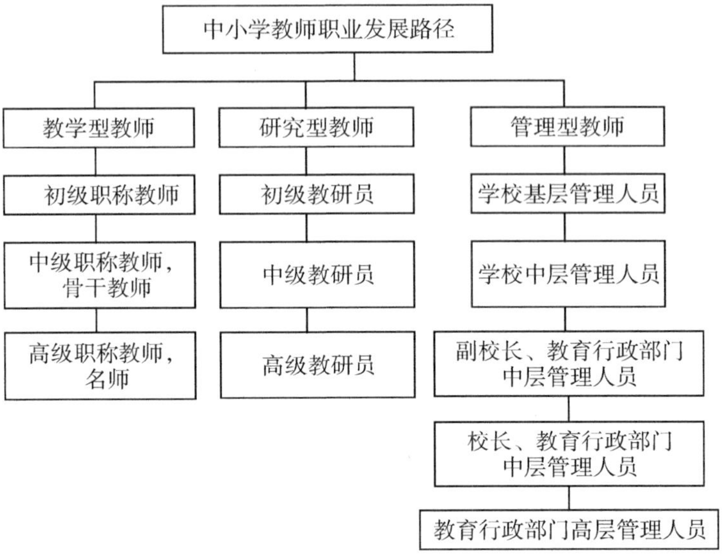

图 5.1 中小学教师职业发展路径图

发展的教师，可在继续教育中适当选择教学研究类的课程，并争取机会参与校级或区级的教学研究类课题，在学习和工作中获得从事教研员工作的经验、知识和能力。在实践中，有的教师属于综合类型，比如同时具备优秀教学和研究能力的教师，可以根据自己的偏好选择自己的职业路径；有的教师专注于某个发展路径，但在工作中实际也需要其他路径的发展能力，如教学型教师发展到高级阶段，应该掌握一定的研究方法、具备一定的研究能力，这样才能在教学型的道路上走得更好。

从发展的时间上来看，教师处于新手的5年期内，都应专注于教学能力、班级管理能力等的提高，主要解决如何适应教师工作的问题。从合格教师阶段开始，教师生涯规划就应有自己的长远目标和短期目标，同时根据目标的不同，有意识地锻炼和发展自己相关方面的能力，如表5.3所示。

表 5.3　　　　**教师职业发展路径的要求和准备**

职业发展路径	相关能力与知识	准备工作	目标荣誉
教学型教师	教学、班级管理、创新、反思、研究 本体性知识、通识性知识、条件性知识	从事班主任工作，举行高级别公开课，参加教学类竞赛，发表教学类论文，参加“柔性”交流	师德类荣誉奖项，教学管理类荣誉奖项，教学类荣誉奖项，研究作品荣誉奖项
研究型教师	教学、科学研究、课题组织管理、创新 通识性知识、教学有关知识、科研有关知识	主持或参与教学研究课题，发表教学研究类论文，参加学术会议并宣读论文	申报获批教学研究课题，课题结题荣誉，研究作品荣誉奖项
管理型教师	教学、管理、决策、协调应变、创新 通识性知识、教学有关知识、管理有关知识	从事学校管理工作，发表教学管理类论文，参加“柔性”交流	师德类荣誉奖项，教学管理类荣誉奖项，研究作品荣誉奖项

在上述教师生涯规划路径的基础上，深圳市应倡导教师根据自己的兴趣、性格特点和能力水平规划自己的职业方向，并订立长期目标和短期目标，并形成生涯规划和专业发展的良性循环环境。如从学校层面来说，校长指导教师进行生涯规划，教师根据规划选择专业发展的课程和培训的类型，在工作中实现专业发展；而后学校指导教师每年对照自己的生涯规划反思一年的工作和学习，随时调整和发展自己的短期计划，为自己找到人生的努力方向，如图 5.2 所示。

有效的生涯规划不仅能让教师找到成长的动力，找到发展方向，积极提高自身专业素养，还能有效地防止教师产生职业倦怠感，保证教学的质量。同时，结合新职称制度的实施，深圳市应统一教师职业发展职级，创设更有利于教师队伍整体提升的环境。

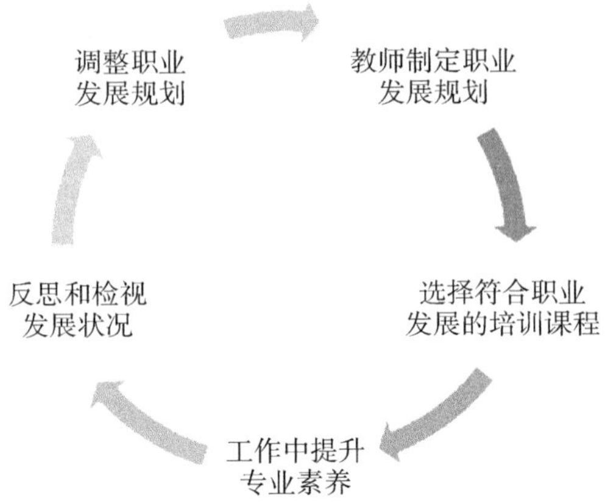

图 5.2 教师生涯规划的制定和利用

二、完善新教师培训体系，加快教师成长

为解决深圳市新教师和新手教师偏多的问题，深圳市应进一步完善教师培养体系，特别是改革建立有效的新教师培训制度和体系，以确保教师能尽快转变为合格教师。

我国 2016 年后全面实施教师资格证国考制度，这意味着一方面国家提高了教师职业的入门门槛，另一方面师范生和非师范生要站在国考的同一起跑线上进行竞争。但是无论获得教师资格证的难度有多大，也仅是进入教师行业的一个资格证书，是否能真正教好书、育好人，仍需在教学实践中不断发展和进步。我们从前文的国际比较中也可以看出，发达国家都非常重视新教师的入门培训，采用长期、不间断、强调实践的方式开展培训，这与深圳市目前多个区开展的 2~3 天短平快的新教师培训是截然不同的。改革当前的新教师培训模式，我们建议从以下几方面入手：

第一，确定新教师培训学时要求。新教师在工作的第一年，要工作和培训并重。因此，应将新教师的第一年培训学时提高到不少于

180学时,[①] 第2~5年培训学时不低于100学时。在学时的分配上，实践学习的时间不低于80%，而且为确保培训的有效性和针对性，参加任何专业类远程学习都不计入总学时。

第二，以“深圳市中小学教师专业发展基地学校”为实践基地，要求新教师第一年每周至少安排0.5天时间，第2~3年每月至少1天，第4~5年每月至少0.5天到基地学校参加专业发展活动，如旁听指导教师授课、参加科组集体备课、跟班学习、参加评课会等。新教师可以根据自己的特点，选择不同的基地校参加专业发展活动，以保证新教师在入职之初，能对教学能力有全面、系统、多元的认识。

第三，新教师每年必须举行至少2次校级公开课，邀请至少10位校内外指导教师、同行教师对上课情况进行点评，教师课后需对上课情况进行反思和总结，并撰写相关报告。举行公开课的课时可计入新教师的培训学时，以加强新教师的实践培训。

第四，新教师在任职的3年内需担任班主任助理或学校少先队、共青团工作助理工作，协助相关教师处理管理事务，以及组织相关活动。新教师在担任相关助理工作时，学校需通过职责分工说明明确教师各自的责任，不允许新教师独立承担或处理任何管理工作。新教师通过担任助理工作学习如何进行班级管理或学校少先队、共青团管理。

三、基于TPACK理论，设计教师专业素养发展阶梯式课程

(一)新型教师阶梯式培养

深圳市中小学教师的阶梯式培训课程，我们按照教师专业发展的五个阶段——新手教师、合格教师、成熟教师、优秀教师和杰出教师来进

① 其计算方法是：以每学期20周计算，每周参加半天(计4学时)的专业发展活动，40×4=160学时，另20学时可为其他实践和理论学习学时。

行设计和规划。

新手教师一般指任职 0~5 年的教师，其特点是工作热情高，倦怠感较低，容易接受新生事物，但也容易受到工作周边环境、人际关系、工作作风等的影响。教师专业发展的重点是将教师过去学到的理论性知识与实践教学结合起来，快速适应教师职业和学校工作。

合格教师通常指任职 5 年以上的教师，通过 5 年的工作和学习，已适应教师职业，开始形成自身独特的教学风格和教学理念，但少数教师可能因为对工作较为熟悉又找不到明确的发展方向，而开始产生倦怠感。这一阶段专业发展的重点是突破专业发展的瓶颈，尝试新的教学方法，学会反思并开始参与教研课题。

成熟教师，也称骨干教师，指任职 5 年以上，已形成自身独特的教学风格和教学理念，在教学和班级管理等工作上能独当一面的教师。成熟教师有着丰富的教学经验，能较好地解决工作中遇到的各种问题，是学校各方面建设的主干力量。成熟教师如果找不到突破专业发展瓶颈的方法，将极容易产生倦怠感，因此这阶段发展的任务除了突破专业发展的瓶颈，更应通过各种方式积极改变自己的工作状态，如参加“柔性”交流，主持或作为主要参与人开展教学研究，学习新的教学理论并创新自身的教学方法，积极准备成为“名师”培养对象。

优秀教师和杰出教师都已进入教师中的“名师”行列，通常任职超过 10 年，这两类教师在工作中积极创新，不断吸引新知识和新理念，已形成终身学习的习惯。优秀教师仍需通过专业发展才能进入杰出教师行列，可以注重形成自身有独创性的教学风格和教学研究能力等方面的发展。优秀教师和杰出教师在教师专业发展上的重要任务是对年轻教师和骨干教师的培养，在帮助其他教师的专业成长中不断发展。

深圳市中小学教师阶梯式培训体系设计如图 5.3 所示。

(二)基于 TPACK 理论的课程设计

1. TPACK 概述

2005 年美国密歇根大学的彭亚·米什拉(Punya Mishra)和马修·克勒(Matthew Koehler)在李·舒曼(Lee shulman)提出的 PCK(Pedagogical

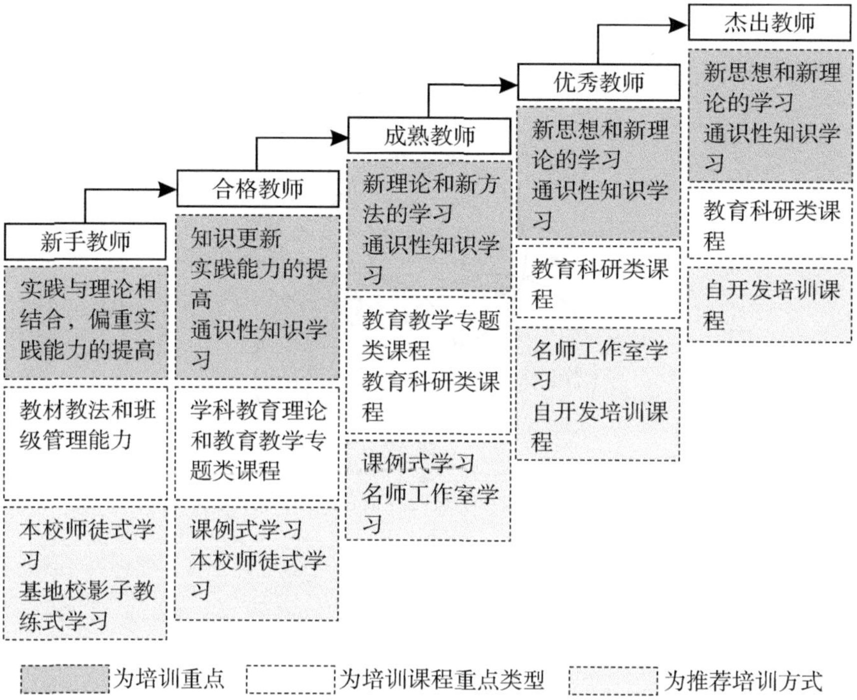

图 5.3　深圳市中小学教师阶梯式培训体系设计图

Content Knowledge）的基础上，提出了 TPACK，即整合技术的学科教学知识。从 2005 年开始，各国学者对 TPACK 展开了大量的理论和实践研究，TPACK 被视作未来教师必备的能力。

TPACK 包含三个主要部分，即 TK（技术知识）、CK（学科内容知识）和 PK（教学法知识）以及由这三个部分作用所产生的知识：TPK 为整合了技术的教学法知识，TCK 是整合了技术的学科内容知识，PCK 为学科教学法知识，以及 TPACK 即整合了技术的学科教学法知识。① 如图 5.4 所示。

TPACK 具有三方面的特征：

---

① 何克抗．TPACK 的理论基础及对教育信息化的重要意义与影响[J]．中小学教材教学，2017(10)：4-9.

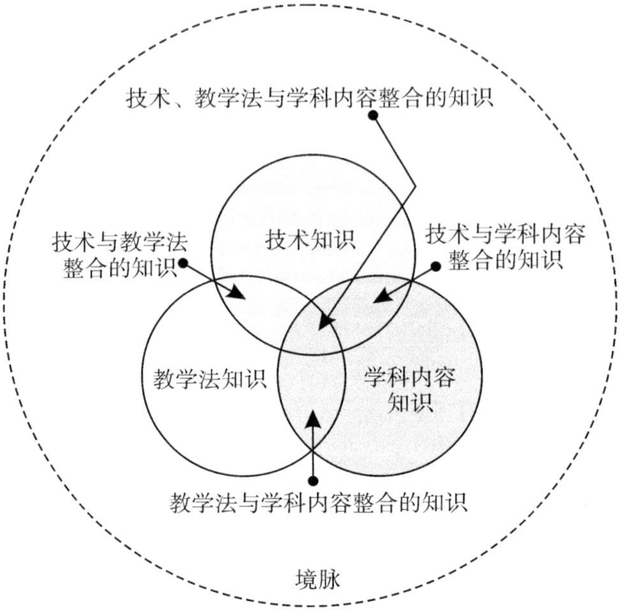

图 5.4　TPACK 框架图

第一，TPACK 是教师应当具备且必须具备的全新知识，它的贯彻、实施离不开教师，所以在推广、应用 TPACK 的过程中，必须强调教师的主体地位，调动教师参与教学改革的积极性，这样才能发挥 TPACK 的作用。

第二，技术、教学法与学科内容整合的知识是在这三者的相互作用中产生的，它并不是三者的简单组合或叠加，而是强调技术与学科教学深入、有意义的整合。

第三，TPACK 整合了三种知识要素以后形成新知识，涉及的条件、因素较多，且彼此交互作用。因此，拉米什和克勒认为这是一种“结构不良”(ill-structured)的知识。信息技术整合于学科教学过程所遇到的问题，都属于“劣性问题”(Wicked Problem)。劣性问题不存在普遍适用于每一位教师、每一门课程或每一种教学观念的解决方案；相反，这种解决方案只能依赖每位教师的认知灵活性在三种知识的结合与交叉中去寻找。

2. TPACK 阶梯式课程体系框架

根据 TPACK 概念框架，我们可以对目前深圳市教师专业素养培养的课程进行调整，明确各类课程的占比，并区分不同阶段教师应进修的课程，如表 5.4 所示。

表 5.4　**深圳市新型教师专业素养培养阶梯课程体系规划**

课程类别	课程	规划占比	面向对象
通识类课程	思想政治教育和职业道德修养	4%	全体教师
	教学理论研究	8%	合格教师、成熟教师、优秀教师、杰出教师
	现代教育技术	10%	全体教师
	教育科研	8%	合格教师、成熟教师、优秀教师、杰出教师
专业类课程	教学大纲和教材分类	5%	新手教师、合格教师
	教学技能训练	15%	新手教师、合格教师
	学科教学研讨	15%	合格教师、成熟教师、优秀教师、杰出教师
	教学法专题研究	20%	合格教师、成熟教师、优秀教师、杰出教师
	知识更新与扩展	15%	全体教师

基于 TPACK 的阶梯式课程体系在实践中需注意以下几个问题：

第一，强调课程的阶梯性。TPACK 概念框架在重视教师掌握教学法、学科知识和技术的同时，更强调让教师掌握三者之间的动态关系，以及对三者进行有效的整合。因此，在教学实践中，教师会经历三者整合的不同层次。以数学教师为例，玛格丽特·尼斯(Margaret L. Niess)等人曾在《数学教师 TPACK 标准和发展模式》一文中指出，数学教师在教授知识时，对技术、教学法与学科内容的整合包括识别、接受、适应、探索和提升五个层次。① 因此，阶梯式课程不仅表现于不同阶段教师应参加的专业素养培养不同，也体现在面向不同阶段教师的同一类课程或相同课程也应存在阶梯性。在开展新型教师专业素养培养的过程中，要充分地考虑教师 TPACK 整合能力的不断发展，使其在学习中不断提高自己对技术、教学法和学科内容知识整合的能力。

第二，注重显性与隐性知识相结合。在 TPACK 框架中，阶梯式课程体系在课程设置上考虑到了学科专业知识、教学法知识和技术知识等显性知识的学习，在课程的实践过程中，应更重视三者隐性知识的有效整合。根据知识能否清晰地表述和有效地转移，我们可以把知识区分为显性知识和隐性知识。迈克尔·波兰尼(Michael Polanyi)1958 年提出，人类的知识有两种，一种是通常被描述为知识，即以书面文字、图表和数学公式加以表述的；另一种是在做某事的行动中所拥有的知识，即隐性知识。教师专业素养培养的过程中，明确的课程内容只能提供显性知识，因此，课程实施时，更应该注意向教师提供各种机会，为他们创设参与活动的环境，使教师在活动中掌握技术、教学法和学科内容知识之间的内在关系，并从中得到领悟和提升，从而形成由显性知识向隐性知识转化，隐性知识体现为显现的习得，形成显性知识和隐性知识的循环结构，推动教师专业素养的成长。

第三，重视区级和校本培训。TPACK 在强调教学法知识、学科教学知识和技术知识三种知识完整性的同时，也很注重教师技术整合学习时的个人经验获得。教师尝试技术整合和新型教学方式的过程，实质就是通过同化和顺应改变原有思维方式和个人经验的过程。因此，教师在专业素养培养的过程中，获得技术解决真实教学问题的经验，才能真正形成 TPACK 知识。从深圳市已有的经验来看，区级和校本培训更能结合区域或学校本身教育的实际情况开展教师专业素养提升的培养。同

① 罗忻，吴秀圆．论 TPACK 视域下专家型教师培养模式的转变[J]．现代教育技术，2013，23(07)：9-13.

时，教师不需要花费很多的时间在路途上，参加学习的时间也比较灵活，区级和校本培训更倾向于经验性知识的习得。因此，在深圳新型教师专业素养培养时，应加大区级培训和校本培训的比例，提高教师应用系统知识解决复杂教学问题的能力。

四、改造升级市继续教育网络平台，打造智能化网络学习平台

理顺教师继续教育管理体系，还应加强对深圳市继续教育网络平台的管理和升级改造。目前深圳继续教育的三个网络平台所发挥的功能较为相近，教师学习所登录的界面也类似，但由于教师继续教育需要学校委托专门的网络管理人员参与平台的管理，三平台并存无疑加重了学校网络管理人员的工作量；同时，教师也常常为到底登录哪个平台，上传资料到哪个平台而感到困惑。因此，合并三个网络平台进行统一管理，势在必行。

在完成平台的统一管理的同时，对平台进行升级改造，打造智能化的网络学习平台。当今世界，网络教育在全球兴起，人们不仅由网络教育看到了真正实现开放学习的契机，更寄希望于当代信息技术的飞速发展，能通过网络大数据的收集改善人们对学习的了解和认识，并更好地促进人类的学习。因此，深圳继续教育网络平台的升级改造，应瞄准智能化网络学习平台建设的目标，实现智能推送建议课程，教师学习轨迹跟踪、教师学习智能分析等功能，并同时加强网络学习的互动性，实现网络教学教师全参与。

“智能推送建议课程”是指根据教师过去选课的记录，把握教师学习的兴趣爱好，同时根据教师的特点，如所属的专业发展阶段以及学习的全面性原则，向教师推送建议学习的课程，从而确保教师在继续教育中既能学习到自己感兴趣的课程，又能实现查漏补缺式的学习，提高学习质量。

“教师学习轨迹跟踪”则是自动跟踪教师学习的进度，如选择了哪些课程，每门课程的完成进度，教师长时间未登录课程自动发送学习提醒等。

“教师学习智能分析”需要网络平台掌握教师的学习风格，根据教师在网上的学习习惯，如经常在哪个时间段学习，在哪里开展学习，学习是间断性的还是连续性的，等等，向教师定期自动发送学习分析报告，建议教师在明确自己的学习优势和劣势基础上，进一步提高学习效果。

网络教育与面授教育最大的区别在于教师与学生的分离，因此近年来网络教育的研究一直在关注如何提高互动性，确保学习者与教师之间的交流，如许多慕课课程都采用“短视频+讨论”的形式来开展教学。深圳市教师继续教育平台面向深圳市的幼儿园、中小学教师，而远程学习又是教师们不用花费交通时间的选择，应提高课程的互动性，如通过教师的远程协作学习完成课程作业、授课教师在网络平台实时答疑或与学习教师讨论问题等。

五、开拓新思路，创新教师培训方式

深圳目前的教师培训模式主要包括网络课程、大学研修、面授课程、校本课程等几种类型。网络课程作为信息时代的学习方式，较好地解决了教师培训需求量大的问题；而其他几种培养方式都是我国教师专业发展中较为稳定的培训模式。新时期，教师的专业性已被世界多国提到了前所未有的高度，围绕教师教学实践能力的发展，深圳教师培训方式仍有待创新。

（一）以政府为桥梁，加强中小学与大学之间的联系与合作

升级当前深圳市中小学与大学之间的合作关系，以行政区为单位，在政府的协调帮助下，与一所或多所国内知名师范大学、综合大学教育学院建立起以“发展共同体”为特征的大学与中小学的新型合作关系。大学为中小学提供思想引领、教育引领和参与引领。思想引领即大学研究并提供教育改革的前沿理论、思想理念及动态趋向，孵化和传播改革思想理念；教育引领一是培训中小学校长和教师，二是培养未来校长和教师；参与引领则指大学以多种方式直接或间接参与到中小学教

育改革实践中，与中小学结为伙伴关系，并成为专业的共同体，改革的共同体。① 中小学则通过合作，不断提升教师的专业素养，推动学校的教育改革。

在具体的实践操作中，政府应确认中小学与大学合作的有效性，如通过指导合作协议的方式，要求大学教师真正进入中小学的教学实践和教学改革当中，大学专家能亲临课堂听课、评课，与教师讨论教学设计方案、指导教师的教研课题等等；同时，严格控制双方以到校做报告、与教师座谈等形式的合作活动。同时政府在协助建立学校共同体时，应确保中小学拥有足够的自主权，如自行确定合作的方式、范围、内容，以确保与大学的合作符合学校的要求和实际情况。

（二）把典型学校作为提高教师专业素养的基地

教师教学实践能力的提升，除需要以先进理论作为根基和引领外，更重要的是要回到学校，在学校中实践和掌握具体的教学方法，并实践教学思想。

影子教练和“临床”学校是近年来国际上正在尝试和实践的两种教师专业发展模式。

影子教练(shadow coaching)是一种教师通过跟随教练工作进行观察和反思的专业发展模式。它不仅使学习者通过一段较长时间内连续性地对名师典型工作的观察获得成长，同时还增强了学习者本身的自我反省能力。影子教练中的影子，是指学习者如影随行，教练则是指指导教师。由于“影子教练”不需要指导教师为学习者额外进行讲解，也为指导教师的工作节省了时间和精力。

“临床”学校则是把医学中现场解决问题的教学方法用于教师专业发展的一种模式。通常在学校中选择一个或几个典型班级，班级的典型性可以体现在各个方面，如纪律、学风、班风，甚至是学生的家庭背景，属于学校中的“难搞班级”。这种培训模式通常指定名教师亲自带

① 卢晓中．大学能成为中小学教育改革的引领者吗？[R]．湛江：第五届海峡两岸教师教育高端论坛，2015. 12.

班，而参加“临床”学习的学习者通过观察和帮助带班教师共同解决问题而获得专业成长。

影子教练选择优秀学校，适合对象为新手教师、骨干教师和名师、名校长培养对象；“临床”学校则是薄弱的典型学校，适合开展班主任培训。两种模式的培训方式都以实践能力的提高为目标，同时也都是“教学相长”式的培训模式，不仅有利于指导教师和学习教师的共同发展，同时也能促进所在学校的发展和提升。

（三）提高教师专业发展的信息化水平

利用信息技术为教师创设更为方便、开放的教师专业发展环境，可开发基于移动终端的课堂教学评价平台，集云存储、学习分析技术等于一体。教师可将自己的公开课视频、课堂实录等资源通过移动终端，如手机、平板电脑等上传到课堂教学评价平台，平台则可智能邀请学科专家、名师、教师团队其他成员等参与评课和讨论，实现教师通过移动终端即可网络听课和评课，不仅打破了教师限制于学校当中，难于与其他教师交流的壁垒，也避免了教师将过多的时间花费在前往外校听课的路途中。

课堂教学评价平台不仅是在线培训平台，也是一个学术交流、远程教学、教育资源共享等多种功能统一的平台，是一种全新的教师间沟通与交流的方式，一种实现专家、团队与学科教师多维协同研修的模式。

（四）全民动员，开展培训活动

推动继续教育学分计算的改革，为教师提供更为丰富的培训类型，让教师成为培训的主角而不是听众。“三人行必有我师”，教师是一份实践性非常强的专业工作，教师在实践中互相学习的效果往往要比被动接受的效果更好。在实践中的互相学习有如下几种方式。

第一，倡导骨干教师、优秀教师和杰出教师以召开研讨会、成果（经验）分享会、公开课等的方式对其他教师展开培训，研讨会和成果分享会需要有一半的时间为参与人员的讨论时间，公开课则要有占课时一半的时间为研讨时间。当参加人数达到规定要求时，可以按课时×系数以及课时×1 的方式分别计入开课教师和参与教师的继续教育学时。

这一形式的培训活动，不仅能充分调动教师们的工作积极性，使培训更贴近教师们的需求，而且深受教师们欢迎。

第二，倡导新手教师和合格教师开设公开课，参与听课和评课的教师人数达到规定要求时，开课教师和听课教师都申报继续教育学时。新手教师和合格教师通过公开课的方式，请其他教师对自己的授课进行点评，能使自己在研讨中反省和提高，实现有效的专业成长。

六、加大开展教研的力度，以教研促教学

参与教研活动是提高教师专业素养的有效方法之一，从培养名师的角度来说，教研可以促使一位教师从“教书匠”成长为“教学专家”；从骨干教师培养的角度来说，能促进教师教学理念的转变，促进教师反思，提高专业素养。

因此，深圳市在新型教师专业素养的培养上，还应进一步加大开展教研的力度，设置符合教师专业发展的校、区、市三级教研项目。市级教研项目定位于学术性强、研究力量雄厚的高层次教师队伍，旨在培养省或国家级教师教研团队；区级教研项目可面向骨干教师，为骨干教师提供主持研究课题的机会；校级教研项目则鼓励成熟教师自建教研团队进行申请和研究，同时，鼓励年青教师申请课题，有意识地培育有潜力的年青教师成为科研项目主持人，提升年青教师的自我专业发展能力。

为各级教研项目搭建平台，聘请大学专家、独立主持过教研项目的专家型教师指导教研活动，分层次提升教师的教研能力，尤其是研究方法使用的规范性和严谨性。建立教师研究成果汇报推广机制，将教师研究课题转化为培训内容，提升教师参与教研活动的积极性，激发教师对自我价值的肯定。

第六章 结语

本课题紧紧围绕深圳市新型教师素养培养这一核心问题，从国际比较的角度出发，全面梳理发达国家近期推出的教师教育新政、新内容和新的培养方法等，为研究深圳市新型教师素养培养奠定国际化、具有前瞻性的理论和实践基础。通过分析，发现美、英、澳、日四国新型教师专业发展的培养对我国教师队伍建设有以下启示：关注新型教师专业素养培养的质量；贯彻 UGS 模式，建设一体化培养体系；改善教师工作环境，促进整体素质提升；构建发展性教师评价体系，促进教师专业成长。

通过实证研究，对深圳市教师队伍发展的现状和新型教师培养的现状进行全面了解和把握。实证研究主要体现在以下三个方面：(一)通过分析互联网收集到的资料，对深圳市教师的结构组成、工作环境、继续教育情况、民办教师队伍状况等进行了全面的研究；另外，通过对深圳市近年来的教师政策、继续教育课程、市区两级培训的特色进行分析，了解深圳市新型教师培养的现状。(二)对深圳市教师现有专业素养状况进行调研，包括试调查阶段、正式调查阶段以及后期数据统计分析三个阶段。共回收问卷 512 份，有效问卷 486 份，回收问卷有效率为 94.92%。(三)对深圳市教师开展专业素养培养感受和期望的访谈，了解教师们在专业素养培养方面的意见和建议。共访谈了 42 位教师和教研员，其中中小学教师 39 位，深圳市教育研究院教研员 3 位，每次访谈时间为 50~80 分钟，访谈后形成了 11 万余字的教师访谈文字稿。

结合国际国内的优秀经验，以 SWOT 分析法对深圳市新型教师素养培养的优势、劣势、机会与威胁等进行分析，并在此基础上提出了相应的战略建议。最后，从制定系统的政策、优化教师队伍管理、营造教师终身学习环境等三个方面提出了相应的改进策略。其中制定系统的政策需以塑造新型教师作为目标、以提升教师质量作为核心、以制定专业标准体系作为重点，以推动教师现代化为政策走向；优化教师队伍管理需推动教师的“柔性”流动、为教师“减负”、注重教师身心健康、加强管理人员素质提升、改善教师评价方式、提高教师待遇、以大数据支持教师专业素养提升以及发挥“名师”引领作用；营造教师终身学习环境可指导教师做好生涯规划、完善新教师培训体系、以 TPACK 理论设计阶梯式课程、改造升级市继续教育网络平台、创新教师培训方式、加大开展教研的力度等。

本研究的创新点有三：

第一，研究方法论上的创新，将比较研究方法论和实证研究方法论相结合，从国际参考系和深圳市教师专业素养培养实际两个维度对深圳市新型教师专业素养培养进行了系统而全面的研究。

第二，研究内容上的创新，为对深圳市教师专业素养培养进行全面的研究，本研究从深圳市教师队伍的现状和深圳市新型教师培养的现状两个维度展开了资料的搜集和分析工作。其中教师队伍的现状又从教师队伍的结构、教师的工作条件、教师参加继续教育的情况、民办教师队伍的状况以及教师队伍专业素养现状等五个方面展开研究；新型教师培养的现状从深圳市教师队伍建设的政策、市区两级的行动以及教师对专业素养培养的问题和需求访谈等三个角度展开研究。

第三，研究建议上的创新。本研究采用 SWOT 分析法，把深圳市新型教师专业素养培养当作一个系统工程，从其优势、劣势、机会和威胁等四个角度进行深度剖析，并利用 SWOT 分析的矩阵得到了其发展的增长型战略、扭转型战略、多种经营战略和防御型战略，明确了深圳市新型教师专业素养培养的发展路径和发展方法。

参考文献

[1]Abu-Shreah, Mohammad, Zidan, Hiam. The Degree of Schools Principals Practicing Innovation and Its Relation with the Teachers' Professional Development[J]. Journal of Education and Practice, 2017, V8, N8, pp. 20-36.

[2]Charlotte Danielson, Thomas Mc Greal. Teacher Evaluation to Enhance Professional Practice [M]. Association for Supervision & Curriculum Development. 2000. 7.

[3]Commission on Effective Teachers and Teaching, Transforming Teaching: Connecting Professional Responsibility with Student Learning [DB/OL]. http://www.nea.org/home/49981.htm, 2011. 8.

[4]Daniel R. Beerens. Evaluating Teachers for Professional Growth: Creating a Culture of Motivation and Learning[M]. Corwin, 1999. 12.

[5]Department for Education and Skills, Learning and Teaching: A Strategy for Professional Development[R]. London: DIES, 2001.

[6]Diane Yendol-Hoppey. Powerful Professional Development: Building Expertise Within the Four Walls of Your School[M]. Corwin. 2010. 2.

[7]Eric Brunsell. Introducing Teachers and Administrators to the NGSS: A Professional Development Facilitator's Guide [M]. National Science Teachers Association - NSTA Press. 2014. 5.

[8]Fred Ende. Professional Development That Sticks: How Do I Creat Meaningful Learning Experiences for educators? [M]. Association for Supervision & Curriculum Development. 2016. 2.

[9] Gabriel Diaz-Maggioli. Teacher-Centered Professional Development[M]. ASCD. 2004. 7.

[10] Hidernori Fujita. The Qualifications of the Teaching Force in Japan in Ingersoll, Richard M[A]. In "A Comparative Study of Teacher Preparation and Qualifications in Six Nations." CPRE: 2007.

[11] Inservice Teacher Education Project Steering Committee, Teacher Learning Improving Australia School through Inservice Teacher Training and Development, the Report of the Inservice Teacher Education Project [R]. Canberra: Australia Government Publishing Service, 1988.

[12] Karen E. Johnson, Paula R. Golombek. Teachers' Narrative Inquiry as Professional Development[M]. Cambridge University Press, 2002. 7.

[13] Marilyn Tallerico. Supporting and Sustaining Teachers' Professional Development: A Prinicpal's Guide[M]. Corwin . 2005. 3.

[14] Ministerial Council on Education, Employment, Training and Youth Affairs. Teacher Quality and Educational Leadership Taskforce: A National Framework for Processional Standards for Teaching [S]. Canberra: MCEETYA, 2003: 8.

[15] Miriam B. Raider-Roth. Professional Development in Relational Learning Communities: Teachers in Connection (Practitioner Inquiry) [M]. Teachers College Press. 2017. 2.

[16] OECD. Teacher Salaries[EB/OL]. https://data.oecd.org/eduresource/teachers-salaries.htm, 2016. 8. 10.

[17] Organization for Economic Co-operation and Development (OECD). Japan-Country note-Results from TAILS 2013 [DB/OL]. https://www.oecd.org/japan/ TALIS-2013-country-note -Japan.pdf. 2016-10-05.

[18] Pamela Groaeman, Sam Wineburg, Stephen Woolworth. What Makes Teacher Community Different from a Gathering of Teachere? [DB/OL]. http://depts.washington.edu/ctpmail/PDFs/ Community-GWW-01-2001.pdf. 2000. 12.

[19]Snyder. Patricia, Hemmeter. Mary Louise, McLean. Mary, Sandall. Susan, McLaughlin, Tara, Algina, James. Effects of Professional Development on Preschool Teachers' Use of Embedded Instruction Practicest [J]. Exceptional Children. Jan2018, Vol. 84, Issue 2, pp. 213-232.

[20]Susan Loucks-Horsley, Katherine E. Stiles, Susan Mundry, Nancy Love, Peter W. Hewson. Designing Professional Development for Teachers of Science and Mathematics[M]. Corwin. 2010. 1.

[21]The Department for Education. Second Report of the Independent Review of Teachers' Standards[R]. London: The Department for Education, 2012: 22.

[22]Training & Development for School Agency(TDA). Teachers' Professional Standard Framework [DB/OL]. https://www.heacademy.ac.uk/sites/default/files/downloads/ukpsf_2011_english.pdf, 2011.

[23]U.S. Department of Education, "RESPECT" Project: Envisioning a Teaching Profession for the 21st Century[DB/OL]. http://www.ed.gov/teaching/national-conversation/vision , 2012. 5. 4

[24]安德烈亚斯．施莱歇主编．胡惠平、赵茜、夏云青、陈亚琴等译．培养卓越校长和教师——来自 PISA 的建议[M]. 北京：教育科学出版社，2016. 12.

[25]Charlotte Danielson, ThomasL. Mc Grealz. 陆如萍译．教师评价——提高教师专业实践能力[M]. 北京：中国轻工业出版社，2005：1.

[26]陈茂钊．从日本相关的经验探索香港教师专业发展的方向[J]. 香港教师中心学报，2015(14)：29-49.

[27]陈群，戴立益．卓越教师的培养模式与实践路径[J]. 中国高等教育，2014(20)：27-29+48.

[28]陈斌．国际电子职业教育发展焦点及其启示[J]. 中国电化教育，2009(08)：45-49.

[29]谌启标，柳国辉．21 世纪澳大利亚教师专业发展政策改革述评[J]. 比较教育研究，2014(08)：12-17.

[30]谌启标．新世纪美国教师教育改革政策述评[J]．比较教育研究，2013(09)：57-61.

[31]崔允漷．美国教师的培养与培训：经验与思考[J]．外国教育资料，1998(02)：7-11.

[32]丁丹，郑川．英国“教学优先”教师培养模式述评[J]．教育评论，2017(10)：129-133.

[33]董素静．国外中小学教师校本教育科研能力的培养——教师专业化发展的重要途径之一[J]．外国中小学教育，2005(04)：5-9.

[34]冯惠敏，赵黎．领新教师入门——美英新教师培养举措比较[J]．世界教育信息，2005(01)：15-17.

[35]冯岩松．SPSS22.0统计分析应用教程[M]．北京：清华大学出版社，2015.

[36]高春香．德国教师培养培训透视[J]．中小学教师培训，2007(02)：59-62.

[37]高鹏，杨兆山．2012年英国教师标准研究[J]．外国教育研究，2014(01)：112-120.

[38]高闰青．卓越教师“三位一体”协同培养模式的实践探索[J]．课程·教材·教法，2015，35(07)：115-120.

[39]古冬梅，洪明．教师培养和管理模式的选择性路径探析——美国“新教师计划”述评[J]．比较教育研究，2009，31(05)：77-81.

[40]关松林．发达国家中小学教师培训的经验与启示——以美国、英国、日本为例[J]．教育研究，2015(12)：124-128.

[41]郭黎岩．发达国家小学教师培养的经验研究[J]．比较教育研究，2007(11)：27-31.

[42]郭绍青，樊敏生．利用网络学习社区构建城乡互动教师培养新模式[J]．中国电化教育，2009(09)：50-54.

[43]郭绍青．教师信息化教学能力培养策略的个案研究[J]．中国远程教育，2009(06)：58-61+80.

[44]洪明．美国教师培养质量保障机制的改革与创新——TEAC教师教

育专业的认证标准和程序探析[J]. 中国高教研究，2010(01)：37-40.

[45]黄建辉，洪明. 解制取向的教师培养质量评估及其争议——美国NCTQ《教师培养质量评估报告(2013)》解析[J]. 外国教育研究，2015，42(03)：109-117.

[46][瑞]胡森主编. 国际教育百科全书[M]. 贵阳：贵州教育出版社，1990.

[47]黄正平. 关于小学教师培养模式的思考[J]. 教师教育研究，2009，21(04)：7-12.

[48]教师教育政策：来自研究和实践的反思[M]. 北京：北京师范大学出版社，2009. 1.

[49]金业文."卓越教师"培养：目标、课程与模式[J]. 国家教育行政学院学报，2014(06)：35-39.

[50]卡内基基金会教育与经济论坛(1986). 国家为培养21世纪的教师做准备[A]. 发达国家教育改革的动向和趋势[C]. 北京：人民教育出版社，2004：265-266.

[51]Linda Darling-Hammond 主编. 鞠玉翠等译. 有力的教师教育——来自杰出项目的经验[M]. 上海：华东师范大学出版社，2009. 9.

[52]李方安. 略论教师的信息能力及其培养[J]. 中国教育学刊，2003(02)：63-65.

[53]李建忠. OECD各国教师工资水平比较[J]. 中国教师，2009：18-21.

[54]李莎，程晋宽. 优质教师培养与选聘策略——国际经验及启示[J]. 比较教育研究，2015，37(04)：90-95.

[55]李霞. 英国卓越教师培养的经验及启示[J]. 外国中小学教育，2015(12)：38-43.

[56]李新翠. 教师真的需要这样工作吗？[N]. 中国教育报，2014. 9. 16.

[57]林崇德，申继亮，辛涛. 教师素质的构成及其培养途径[J]. 中国教育学刊，1996(06)：16-22.

[58]琳达·达林-哈蒙. 美国教师专业发展学校[M]. 北京：中国轻工

业出版社，2006.

[59]刘建清，胡中波，周义．教师培养计划的目标思考[J]．中国大学教学，2015(09)：24-27.

[60]刘启静．中外教师培养的教育课程设置比较[J]．东北师大学报，2000(05)：93-96.

[61]刘尧．发展性教师评价的理论与模式[J]．教育理论与实践，2001(12)：28-32.

[62]柳海民，孙士杰．试论教师专业化及其专业化培养[J]．东北师大学报，2003(05)：113-118.

[63]柳海民，谢桂新．质量工程框架下的卓越教师培养与课程设计[J]．课程·教材·教法，2011，31(11)：96-101.

[64]卢晓中．大学能成为中小学教育改革的引领者吗？[R]．湛江：第五届海峡两岸教师教育高端论坛，2015. 12.

[65]罗忻，吴秀圆．论 TPACK 视域下专家型教师培养模式的转变[J]．现代教育技术，2013，23(07)：9-13.

[66]马毅飞．国际教师教育改革的卓越取向——以英、美、德、澳卓越教师培养计划为例[J]．世界教育信息，2014，27(08)：29-33.

[67]孟凡丽，于海波．国外多元文化背景下教师教学能力培养的探索及启示[J]．高等教育研究，2008(02)：40-44.

[68]缪学超，易红郡．20 世纪 80 年代以来英国入职教师培养的政策理念[J]．比较教育研究，2016，38(04)：85-92.

[69]南纪稳．创新型教师素质及其培养模式探析[J]．陕西师范大学学报(哲学社会科学版)，2001(01)：160-164.

[70]牛利华．教师专业共同体：教师发展的新模式[J]．教育发展研究，2007(24)：40-43.

[71]潘健．小学教师培养体系的现实检视与策略重构——基于江苏省两届师范生教学基本功大赛结果的分析[J]．中国教育学刊，2015(04)：10-15.

[72]钱家荣．借鉴国外教师信息技术培训的经验加强中小学教师培养的

对策研究[J]. 电化教育研究，2001(10)：51-54.

[73]阙祥才．实证主义研究方法的历史演变[J]. 求索，2016(4)：71-76.

[74]任其平．论教师专业发展的生态化培养模式[J]. 教育研究，2010，31(08)：62-66.

[75]单志艳．美英澳日中小学教师专业标准比较研究[J]. 内蒙古师范大学学报，2012(04)：23-27.

[76]唐纳德·B. 巴托洛著，陈瑜译，优秀教师培养：和教学差距说再见[M]. 哈尔滨：黑龙江教育出版社，2017. 6.

[77]王晓宇．英国教师专业发展的实施内容与特点[J]. 外国中小学教育，2006(8)：19-24.

[78]王钰巧，方征．从 TALIS(2013)解密芬兰教师教育一体化的经验与启示[J]. 外国中小学教育，2016(5)：44-48.

[79]吴卫东，骆伯巍．教师的反思能力结构及其培养研究[J]. 教育评论，2001(01)：33-35.

[80]谢安邦，朱宇波．教师培养模式的构建与完善[J]. 教育发展研究，2007(Z1)：74-77.

[81]谢晓宇．加拿大卓越教师培养计划：目标与路径[J]. 全球教育展望，2016，45(10)：114-120.

[82]熊淳．日本的教师专业标准研究[J]. 外国中小学教育，2009(05)：9-14.

[83]徐春妹，洪明．解制取向下的美国教师培养新路径——“为美国而教”计划的历程、职能与功过探析[J]. 外国教育研究，2007(07)：24-28.

[84]杨启光．多维协同推进我国卓越教师培养的全面改革[J]. 教育科学研究，2015(12)：5-9.

[85]杨艺媛，王智秋．新中国小学教师培养机构变迁研究[J]. 教师教育研究，2017，29(06)：101-107.

[86]叶澜．新基础教育研究和新型教师的培养[J]. 教书育人，2011

(06)：8-10.
[87]叶澜．新世纪教师专业素养初探[J]．教育研究与实验，1998(01)：41-4.
[88]佚名．世界各国教师的待遇及社会地位[J]．教师博览，2009(04)：15.
[89]易红郡．英国教师职前培养、入职培训和在职进修的一体化及其特征[J]．高等师范教育研究，2003(04)：74-80.
[90]俞国良，辛自强．教师信念及其对教师培养的意义[J]．教育研究，2000(05)：16-20.
[91]俞婷婕．澳大利亚政府优质教师计划研究[M]．北京：教育科学出版社，2013. 3.
[92]袁强．教师教育类课程模块化设计与实施——基于卓越教师培养的视角[J]．课程·教材·教法，2015，35(06)：109-115.
[93]张斌贤．教师培养模式改革若干问题的思考[J]．教育研究，2005(12)：19-24.
[94]张传燧．教师的类型及其素质培养探析[J]．高等师范教育研究，2000(06)：58-63.
[95]张桂．卓越教师培养的目标取向与价值内涵[J]．教师教育学报，2015，2(03)：19-26.
[96]曾鸣．英国《杰出教师标准》述评[J]．外国教育研究，2013(02)：57-63.
[97]张治国．美国四大全国性教师专业标准的比较及其对我国的借鉴意义[J]．外国教育研究，2009(10)：34-38.
[98]赵明仁，朱旭东．新时期我国教师培养体系变革研究[J]．中国高教研究，2010(01)：50-53+56.
[99]赵姝，白浩，张瑞敏．基于大数据的卓越教师培养路径探析[J]．电化教育研究，2017，38(01)：47-53.
[100]周红，祝智庭．论网络化环境中教师素质的培养[J]．中国电化教育，2000(01)：49-51.

[101]周钧．美国教师教育的第三条道路：教师培养的驻校模式[J]．全球教育展望，2010，39(09)：75-78+56.

[102]朱勃．比较教育家贝雷迪的比较方法[J]．外国中小学教育，1986(3)：27-29.

[103]朱水萍，Peta Heywood. 教师成长初期的教育实践能力培养——基于澳大利亚拉筹伯大学教育实践课程考察的启示[J]．宁波大学学报(教育科学版)，2007(01)：48-51.

[104]朱旭东等著．中国教师培养机构发展研究[M]．北京：北京师范大学出版社，2017. 1.

[105]朱旭东主编．李琼、宋萑副主编．中国现代教师教育体系构建研究[M]．北京：北京师范大学出版社，2014. 10.

[106]朱艳．比较视角中的英国中小学教师培训[J]．教育研究与实验，2014(6)：73-76.

[107]朱玉东．论教师的教育专业素质及其培养[J]．中国教育学刊，2003(12)：54-57.

[108]祝怀新．封闭与开放：教师教育政策研究[M]．杭州：浙江教育出版社，2007.

后　记

联合国教科文组织1966年提出教师专业化至今已有50来年，但各国包括发达国家开展教师专业发展的实践探索却更晚。今天，随着各国教育改革的深入及其对教师队伍所提出的要求越来越高，教师专业素养的培养已经成为了各国教育改革中的重要内容之一。

我对教师专业发展领域最初的思考，起源于做一个教学改革方面的课题研究。这个教学改革的核心理念——“知识建构”，对于教师们而言是一个完全陌生的概念。然而，当我经过几次与教师们的共同学习与讨论后发现，少数教师把新的理念与自己的一些探索性想法结合在一起，顺利地掌握了知识建构理念，并愿意在实践中不断探索和发展知识建构教学模式；而更多的教师则是一腔热血来参与课题，但却不愿意在教学实践中做出任何改变。随着教学改革的深入开展，我们向教师们推荐了一些简单易用的工具和方法，希望教师和学生能够提高教和学的效率。令我们吃惊的是，有教师向我们反映，大部分工具和方法在培训中学习过，但因为学习的时候只当是个工具或方法，不知道如何结合教学实践来用，所以学完就忘了。这一经历让我对在教师专业素养培养中，如何真正改变教师的理念，使他们能跟上时代的发展和教育的变革，以及如何让他们学有所用产生了浓厚的兴趣。

近几年，我在教师专业发展这一领域不断深入，广东省发达地区教师严重的职业倦怠，教师们在工作中遇到的各种不理解与不公平，教师队伍管理体制中许多不尽人意之处等，都让我深深地意识到，教师专业发展并非教师的个人工作，更是全社会、整个教育系统所需要关注和提供支持的工作。缺乏大环境支持的教师专业发展只会加重教师队伍建设的难度，增加教师负担，使教师队伍的建设发展停滞不前。

因此，在《深圳市新型教师专业素养培养研究》中，我选择了SWOT分析法进行总结性的研究，希望能从教育大环境、教师小环境等不同的角度综合性地提出培养的策略和方法，同时尽量考虑教师们的需求，以人为本，既考虑教师终身学习的必要性，教学改革的要求，也考虑让教师们能在工作中学习，把工作和学习融为一体，扎实研究、充分论证，通过网络调研、调查研究和访谈等研究方法深入分析了深圳市目前教师培养的现状，并力图打造适合新型教师的专业素养培养战略定位、体系、方法和策略。

本书自立项以来，受到了深圳市教育科学研究院领导和教师的关心和重视，相关领导多次听取项目进展情况汇报，并对研究方向、目标、方法、内容等，给予了务实而有建设性的指导。本书能见诸文字，离不开他们的大力支持，在此表示衷心感谢！

特别感谢华南师范大学教育科学学院院长卢晓中教授。在研究前期，卢晓中院长为我提供了诸多深入调研广东省教师队伍现状的机会，使我在这一领域不断深入和发展，并启发我不断创新、拓宽视野；又在写作过程中，时常提点并予以指导。

研究过程中，深圳市教育科学院的叶文子院长、李贤老师，宝安中学集团的曾印梅老师，龙岗实验学校的隆春晖老师等为本课题的研究工作提供了诸多便利和大力支持，在此向他们表示衷心的感谢。

在本书的撰写过程中，华南师范大学教育信息技术学院的硕士研究生陈嘉雨、王小玲、蔡琼、汪丹丹、郭软霞、李冉冉做了大量的基础工作，在此一并表示谢意。

由于部分资料欠缺及时间和精力有限，本书在写作中，难免存在一些疏漏和不当之处，诚请同行各位专家和读者批评指正。

陈　斌

于广州石牌

2017年5月